Heinz Rein

Wer einmal in den Fettnapf trat

Satiren

THULE

THULE

„Venient annis saecula seris
Quibus oceanus vincula rerum
Laxet et ingens pateat tellus
Thetisque novos detegat orbes
Nec sit terris *ultima Thule*."
Seneca, **Medea**

CIP-Titelaufnahme der Deutschen Bibliothek

Rein, Heinz:
Wer einmal in den Fettnapf trat : Satiren/Heinz Rein. -
Erftstadt : Thule, 1989
ISBN 3-924345-05-8

© THULE Verlag, Erftstadt, 1989

Lektorat: Margarete Orendi
Graphische Gestaltung: Ingrid Lemke
Printed in Germany

ISBN 3 924345 05 8

*„Der neuen Zeit, die andres will als Eidbruch und Verrat,
Der neuen Zeit, die andres will als Lug und Lügenstaat!
Die endlich einmal mehr verlangt als Schall und Rederei!
Die endlich einmal atmen will, aufatmen tief und frei."*
              Ferdinand Freiligrath

Inhalt

Theoretische Erdumkreisung 9
Wer einmal in den Fettnapf trat 12
Aus dem Albanischen 14
Der Geburtstagsartikel 16
Der Knüller 18
Westpakete 21
Volksdemokratisches Striptease 25
Lyrische Exegese 27
Spielplanberatung 30
Die Paradenummer 32
Sportreportage 35
Die Wand 38
Schulungsstunde in der Familie 41
Vorbildliche Planerfüllung 43
Des Rätsels Lösung 46
Der Liebesfilm 49
Logik und Dialektik 53
Sonderurlaub 56
Heldin der Bildung 59
Überdruß 63
Papagei zugeflogen 65
Überzeugungsarbeit 68
Freie Wahl unter Orangen 71
Freiwillig gemeldet 74
Die feindliche Äußerung 77

Müllers Ostpolitik   81
Liberalisierung   86
Der Westflüchtling   89
Klein-Morris in der DDR   92
Das Geheimnis der Wanze   96
Der Sturz   99
Der äußerste Notfall   102
Der Gipfel   105
Amtseinführung   108
Die Reise des Diktators   111
Der Aufpasser   114
Opposition im Urwald   117
Linientreue   119
Das Schischkin-Prinzip   122
Rückständigkeit   124
Professor Dymschitz stellt Kontakte her   126
Traue deinen Augen nie   129
Schachmatt   133
Die Vorzüge der Organisation   136
Babka und der Enkel   139
Nur keine Geschenke   142
Wäsche für Tamara   146
Masorows gesammelte Werke   149
Kusnezows Auslandsreise   152
Glasnost   155

THEORETISCHE ERDUMKREISUNG

Der Neulehrer betrat die 6. Klasse der W.-I.-Lenin-Schule (vormals Leonid-Breschnew-Schule, vormals Nikita-Chruschtschow-Schule, vormals Georgij-Malenkow-Schule, ganz vormals J.-W.-Stalin-Schule), zog seine Jacke mit den Abzeichen der SED, des FDGB, der Gesellschaft für Sport und Technik, des Kulturbundes, der Gesellschaft für deutsch-sowjetische Freundschaft, der Betriebssportgemeinschaft Wissenschaft, der Aufbaumedaille und des Ordens für gutes Wissen gerade und rief: „Freundschaft!"

„Freundschaft!" riefen die jungen Pioniere, sprangen auf und schlugen die Hände über dem Kopf zusammen. „Immer bereit!"

Der junge Lehrer trat an sein Pult und ließ den Globus ein paarmal rotieren, dann hielt er ihn an, legte den Finger auf einen Punkt und sagte: „Ihr habt in der vorigen Stunde gelernt, daß die Erde rund ist. Dafür gibt es eine Anzahl Beweise. Einen davon will ich euch jetzt mit diesem Globus vorführen. Fritz, komm nach vorn und sage deinen Kameraden, auf welchen Punkt ich meinen Finger gelegt habe."

Pionier Fritz wand sich aus seiner Bank, marschierte an das Pult und blickte auf den Globus, dann wandte er sich der Klasse zu und rief: „Unser Genosse Lehrer hält seinen Finger auf Berlin, Hauptstadt unserer geliebten Deutschen Demokratischen Republik."

„Richtig!" sagte der Neulehrer. „Stellt euch nun einmal vor, ein Mann geht von Berlin aus immer geradeaus und zwar nach Osten. Was ist, Kurt? Hast du eine Frage?"

„Jawohl!" rief Pionier Kurt. „Was ist das für ein Mann, Genosse Lehrer? Ein Genosse, ein Parteiloser oder vielleicht ein Republikfeind? Sie müssen sich konkreter ausdrücken, damit hier keine falschen Auffassungen aufkommen."

„Die Frage ist berechtigt", antwortete der Neulehrer nachgiebig, „aber sie gehört nicht hierher. Für den theoretischen

Beweis, daß die Erde rund ist, ist sie unerheblich."

Pionier Kurt erhob sich, sah den Lehrer streng an und sagte: „Wir haben gelernt, daß es sehr wichtig ist, ob einer Genosse ist oder nicht, infolgedessen..."

„Schweig!" befahl der Neulehrer mit ungeduldiger Handbewegung. „Für diese theoretische Demonstration ist es ganz und gar unwichtig. Der Mann geht also von Berlin aus immer geradeaus östlich. Ich werde mit dem Finger seinen Weg beschreiben, und Fritz wird euch sagen, wohin er gelangt ist. So, und nun fangen wir an!"

Pionier Fritz verfolgte den Finger des Lehrers, dann rief er: „Halt! Der Mann ist jetzt an der Oder-Neiße-Friedensgrenze."

„Richtig! Der Mann überschreitet also die Oder", sagte der Neulehrer. „Fritz, sage deinen Kameraden..."

„Ich habe eine Frage!" rief Pionier Otto. „Wie ist das, Genosse Lehrer? Wie verpflegt sich der Mann? Er ist doch in der Volksrepublik Polen nicht eingetragen für den Bezug von Butter und Fleisch!"

Der Neulehrer atmete schwer. „Ich habe euch doch bereits gesagt, liebe Freunde, wir wollen, ausnahmsweise, die realen Dinge außer acht lassen, dazu gehören nicht nur Grenzen und natürliche Hindernisse wie Gebirge, Seen und Flüsse, sondern auch Geld und Nahrung. Der Mann geht also weiter ostwärts. Wohin gelangt er nun? Fritz, sage es deinen Kameraden!"

„Er gelangt in das Vaterland aller Werktätigen, den Hort des Friedens, in die große, ruhmreiche Sowjetunion!" ratterte Pionier Fritz. „Es lebe unser aller Freund, Michail Gorbatschow! Es lebe der real existierende Sozialismus! Es lebe die deutsch-sowjetische Freundschaft. Es lebe..."

Der Neulehrer wartete geduldig, bis Pionier Fritz seine Hochrufe beendet hatte und außer Atem war, dann ließ er seinen Finger weiter über den Globus gleiten. „Nun, Fritz, wohin gelangt unser Mann nun?"

„Nach Sibirien!" antwortete Pionier Fritz.

„Oh!" rief einer der Pioniere bedauernd.

Pionier Kurt sprang auf. „Du bist ein vom Rias und dem Westfernsehen infiziertes Subjekt!" zischte er. „Sibirien ist das Land der großen sozialistischen Initiative, die Sehnsucht eines jeden Komsomolzen! Merk dir das!"

Pionier Werner duckte sich ängstlich, Pionier Kurt blickte sich triumphierend um, die anderen Pioniere grinsten unterwürfig.

„Sibirien", fuhr Pionier Fritz fort, „der Stille Ozean, Kanada... Da hat der Mann aber Glück, daß er nicht die verelendeten, kriegstreiberischen, hochkapitalistischen Vereinigten Staaten berührt."

Pionier Kurt sprang wiederum auf. „Du bist ein Ignorant, Pionier Fritz!" schrie er. „Kanada gehört zur Nato und ist daher ebenfalls kriegslüstern!"

„Pionier Kurt hat recht", sagte der Neulehrer. „Er hat deine ideologische Schwäche erkannt. Aber beenden wir nun unsere Erdumkreisung. Fahr fort, Fritz!"

Pionier Fritz schluckte heftig. „Kanada, der Atlantik, Irland, der Nato-Staat England, die Nordsee, Nato-Staat Holland, Deutschland..."

„Westdeutschland", verbesserte der Neulehrer, „die BRD."

„Westdeutschland, die BRD", wiederholte Pionier Fritz, „wo die Militaristen, Neofaschisten, Revanchisten regieren, wo die kapitalistischen Ausbeuter die Arbeiterklasse unterdrücken, von wo wir schöne Pakete bekommen..." Er hielt erschrocken inne.

„Pfui!" rief Pionier Kurt. „Ihr nehmt Judaslohn vom Klassenfeind!"

„Das hättest du besser für dich behalten", flüsterte der Neulehrer, dann sagte er laut: „Sehr richtig! Es ist beschämend, daß es bei uns noch immer Leute gibt, die sich nicht scheuen, Pakete aus dem Westen anzunehmen. Aber wir wollen die Sache nun zu Ende bringen. Nun, Fritz, wie geht der Mann weiter?"

Pionier Fritz blinzelte unruhig. „Celle, Hannover, Braunschweig..."

„Weiter!" ermunterte der Lehrer.

„Helmstedt... Nein, das glaub' ich nicht."

„Was glaubst du nicht?" fragte der Lehrer erstaunt.

„Ich glaub' nicht... Oder halten Sie es für möglich, Genosse Lehrer, daß der Mann, nachdem er zuerst in der DDR, in Polen und in der Sowjetunion gewesen ist und dann Kanada, England, Holland, Hannover und Braunschweig kennengelernt hat, daß er dann noch weitergeht, in die DDR zurück?"

Pionier Kurt sprang auf. „Da haben Sie es!" schrie er wütend. „Ein Mann! Ein theoretischer Mann! Es gibt keinen theoretischen Mann! Ihr Mann ist ein Klassenfeind und so einen setzen Sie uns als Beispiel vor! Ich werde Sie dem Genossen Direktor melden! Der Unterricht ist geschlossen!"

WER EINMAL IN DEN FETTNAPF TRAT

Hans-Karl Zittermaier war Lokalkulturreporter der „Roten Tribüne", Zeitung für das werktätige Volk in Stadt und Land. Er hatte über kulturelle Veranstaltungen zu berichten, zum Beispiel über die Theateraufführungen des kollektiven Bauernensembles „Blühender Mais", über Dichterlesungen schreibender Hilfsarbeiter, über die Gesangsdarbietungen des Spinnerinnenchors von „VEB Rasender Webstuhl" (früher „VEB Weberei J.W. Stalin") und über Vorträge wie „Was kann der bildende Künstler zur Hebung der Geflügelzucht beitragen?" oder „Wie richte ich meinen Hund zu sozialistischer Wachsamkeit ab?", über Schieß- und Fallschirmsprungvorführungen und was sonst noch alles auch nur im entferntesten mit Kultur zu tun hat.

Es war eine äußerst verantwortungsvolle, mit erheblichen Risiken verbundene Tätigkeit, bestand doch stets die Gefahr, in ein parteiideologisches Fettnäpfchen zu treten. Und wer einmal in den Fettnapf der Partei trat, der bekam sein Fett ab und wurde es nie mehr so richtig los. Auch Hans-Karl Zittermaier hatte bereits eine ganze Anzahl Fettflecke in seinem Dossier, doch hatte er immer durch rücksichtslose Selbstkritik und unter Mißachtung seiner eigenen Würde auf den rechten Weg zurückgefunden.

Hans-Karl Zittermaier hatte zudem das Pech, erblich belastet zu sein, mit ein wenig Kunstverstand. Selbstverständlich hatte er versucht, das zu verbergen; es war ihm im großen und ganzen auch gelungen, indem er überschwengliche Kritiken schrieb, auch dann, wenn sich ihm der Magen umdrehte.

Jedoch — auch Lobeshymnen können einem Kulturaktivisten zum Verhängnis werden, nämlich wenn er übersieht, daß sogar eingefleischte Proletarier und begeisterte Kollektivbauern ideologisch irren können. Nichts ist schlimmer als etwas gelobt zu haben, das hinterher von den Kulturobermotzen als parteifeindlich, dogmatisch, defätistisch, revisionistisch, abweichlerisch, sektiererisch, kapitulantenhaft abgestempelt wird.

Und gerade das war Hans-Karl Zittermaier wieder einmal zugestoßen. Er hatte das Gemälde „Melkbrigade bei der Arbeit" in den höchsten Tönen gelobt, obwohl er es primitiv fand. Nun wurde er belehrt, daß dieses die Milchproduktion so sehr fördernde Bild dekadente Züge aufwies. Die Mienen der Kühe, so hieß es in der vernichtenden Kritik des Kulturkreisreferenten, sähen leidend aus, dabei wisse doch jedermann, daß volkseigene Kühe ihre Milch freudig hergäben, da sie nicht mehr von Großgrundbesitzern ausgemolken würden.

Was blieb Hans-Karl Zittermaier anderes übrig, als sich selbstkritisch zu geißeln? Er gab zu, vom Klassenfeind verblendet gewesen, hinter der Entwicklung zurückgeblieben zu sein, die Lehren der Partei, die nie irrte, nicht beachtet zu haben. Die Genossen nickten beifällig und schadenfroh. Jeder von ihnen hatte sich schon einmal in den eigenen Hintern treten müssen. Nun geschah es diesem Kulturfritzen. Und das war gut so.

Hans-Karl Zittermaier machte seine Sache recht ordentlich. Die Genossen waren fast geneigt, ihm seine Zerknirschung zu glauben und es noch einmal mit ihm zu versuchen, da beging er einen entscheidenden Fehler: Er erklärte sich bereit, in die Produktion zu gehen, um sein Verbrechen zu sühnen.

Damit hatte Hans-Karl Zittermaier sich um jede Glaubwürdigkeit gebracht. Soweit das Gedächtnis der Genossen reichte, hatte es noch niemals einen solchen Fall von schamloser Heuchelei gegeben. Ein Kulturfunktionär wollte seine Tätigkeit freiwillig mit Arbeit vertauschen! Freiwillig! Wenn das Zentralkomitee hiervon erfuhr, mußte man gewärtig sein, daß es eine Welle spontaner freiwilliger Selbstverpflichtungen für die Arbeit in der Produktion befahl. Das mußte unter allen Umständen verhindert werden. Deshalb schrie man Hans-Karl Zittermaier nieder. Dann beriet man, welche Parteistrafe über diesen Schädling zu verhängen sei. Nach stundenlangen Diskussionen kam das Urteil: Hans-Karl Zittermaier wurde von seinem Amt als Lokalkulturreporter der „Roten Tribüne" entbunden und sollte künftig als Lektor des Verlages „Rote Lyrik" arbeiten.

Hans-Karl Zittermaier nahm dieses vernichtende Urteil standhaft entgegen. Es spricht für seine robuste Natur, daß er seine neue Tätigkeit bisher ohne größere gesundheitliche Schäden überstanden hat.

AUS DEM ALBANISCHEN

„Wir brauchen Satiren, Genosse", sagte der Redakteur. „Weshalb schreibst du keine Satiren?"

Der Schriftsteller wand sich auf seinem Stühlchen hin und her. „Es liegt mir nicht, Genosse Redakteur", antwortete er schließlich.

„So, es liegt dir nicht, Satiren zu schreiben", sagte der Redakteur streng. „Aber sprechen kannst du sie, nicht wahr?"

„Wie... wie bitte?" stammelte der Schriftsteller.

„Vor ein paar Tagen, im Club der Kulturarbeiter, da hast du ganz schön... nun, da hast du ganz schön Satiren gesprochen", antwortete der Redakteur. „Vor einigen Kollegen."

Der Schriftsteller war heftig erschrocken. „Ich... ich habe..."

„Jawohl!" trumpfte der Redakteur auf. „Ich habe am Nebentisch gesessen und alles gehört!"

„Um Himmels, um Lenins willen, wollte ich sagen!" rief der Schriftsteller aus. „Du hast doch nicht etwa..."

„Nein", erwiderte der Redakteur. „Ich habe nicht. Noch nicht. Und ich werde auch nicht. Aber ich verlange von dir, daß du etwas in der Art schreibst, wie du im Club gesprochen hast." Er sah plötzlich sorgenvoll aus. „Sieh mal, Genosse, ich habe ein Soll an Satiren zu erfüllen, aber kein Mensch will Satiren schreiben. Alle haben sie... Na ja." Dann fuhr er drohend fort. „Also, du schreibst mir eine Satire. Sonst..."

Der Schriftsteller rang verzweifelt die Hände. „Ich schreibe dir alles, was du willst, Genosse, aber bitte keine Satiren."

„Sonst..." wiederholte der Redakteur und hieb auf den Tisch. „Sonst! Sonst! Sonst! Ich bin in einer Zwangslage, Genosse. Vorhin erst hat das Zentralkomitee angerufen und wollte wissen, wo die Satiren bleiben. Ist ja auch lächerlich! Eine satirische Zeitschrift ohne Satiren. Es bleibt dabei: du schreibst mir eine Satire."

Der Schriftsteller war zusammengesunken, jetzt richtete er sich wieder auf und fragte bescheiden: „Bei uns erscheinen doch so viele Übersetzungen. Könnte ich nicht wenigstens dazuschreiben: Aus dem Russischen? Oder aus dem Polnischen, oder so? Das würde auch dich entlasten, Genosse Redakteur."
„Eine gute Idee!" lobte der Redakteur. „Das machen wir! Nur..."
„Was nur?" fragte der Schriftsteller ängstlich.
„Aus dem Russischen geht nicht", antwortete der Redakteur. „In der Sowjetunion gibt es nichts, was zu Satire Anlaß gäbe. Und wenn es so etwas geben sollte, dann dürften *wir* es nicht satirisch behandeln."
„Aber aus dem Polnischen?" fragte der Schriftsteller hoffnungsvoll. „Das ginge doch?"
„Du bist wohl nicht recht bei Trost!" rügte der Redakteur. „Die Polen?! Aber laß uns mal überlegen, wer in Frage käme." Er wiegte den Kopf hin und her, um anzudeuten, daß er nachdachte.
„Ich weiß!" rief der Autor. „Aus dem Albanischen!"
„Sehr gut", sagte der Redakteur. „Aus dem Albanischen. Wer kann bei uns schon albanisch. Also du schreibst mir umgehend..."
Der Schriftsteller erstellte eine Satire und versah sie mit dem Zusatz „aus dem Albanischen". Der Redakteur las sie, entschärfte sie hier ein bißchen, feilte dort eine Spitze rund und mengte noch eine gehörige Prise Positivismus bei. Dann erschien sie, mit dem Zusatz „aus dem Albanischen".
Der Schriftsteller atmete auf. Er hatte nämlich befürchtet, der Redakteur würde den Zusatz fortlassen, dann hätte er schön dagestanden. Dennoch kamen ihm nach einiger Zeit Bedenken, und er ging in die Redaktion, um sie auszubreiten.
„Was aber geschieht", sagte er, „wenn unsere albanischen Genossen die Satire lesen und wissen wollen, woher..."
„Sie haben sie bereits gelesen", unterbrach ihn der Redakteur. Er schien die Sorgen des Schriftstellers nicht zu teilen, denn er sah ungewöhnlich fröhlich aus.
„Das ist ... das ist ja... " Der Schriftsteller rang nach Luft.
„Beruhige dich, Genosse", sagte der Redakteur. „Sie haben sie nicht nur gelesen, sondern sogar — nachgedruckt!"
„Nach... nachgedruckt?"
„Jawohl!" schmetterte der Redakteur und schlug eine Zeitung auf. „Hier ist sie, deine Satire. Und was steht darunter? Aus dem Deutschen!"

DER GEBURTSTAGSARTIKEL

Der Chefredakteur blickte flüchtig auf den Schriftsteller, deutete kurz auf einen Stuhl und sagte: „Noch ein paar Minuten, Genosse, gleich bin ich soweit."

Der Schriftsteller hatte das große Gebäude der Partei mit sehr gemischten Gefühlen betreten. Da war einerseits die Angst, die ihn stets befiel, wenn er seinen Namen auf dem Anmeldezettel eingetragen und seinen Personalausweis abgegeben hatte. Ihm war dann stets, die Tür der Anmeldung könnte wie ein Gefängnistor hinter ihm zufallen.

Aber da war auch der Stolz, vom Chefredakteur des Zentralorgans der Partei zu einer Besprechung aufgefordert worden zu sein. Der Stolz indes war ebenfalls unterhöhlt von Angst. Er wußte nämlich, daß die Mitarbeit an der Parteizeitung leicht zu einer Grube werden konnte, in der man selber beigesetzt wurde.

Als der Chefredakteur das Aktenstück endlich beiseite legte, sagte er: „Ich habe dich rufen lassen, Genosse, weil ich einen ehrenvollen Auftrag für dich habe. Du sollst uns einen Artikel zum 60. Geburtstag des Genossen Matuschek schreiben."

Der Schriftsteller erschrak heftig. Matuschek war einer der mächtigsten, zugleich aber auch einer der gefährdetsten Männer des Zentralkomitees.

Der Chefredakteur schob das Aktenstück, in dem er gelesen hatte, über den Schreibtisch. „Hier hast du das wichtigste Material über den Genossen Matuschek beisammen, seine Reden und Aufsätze und was führende sowjetische Genossen über ihn gesagt haben. Stelle seine Liebe zur Partei und seine grenzenlose Ergebenheit gegenüber der großen Sowjetunion heraus, treuer Sohn seiner Klasse undsoweiter undsoweiter."

Der Schriftsteller holte tief Luft. „Aber der Genosse Matuschek soll... Man spricht von Abweichung..."

Der Chefredakteur richtete sich hoch auf. „Unerhört!" zischte er. „Aus dir spricht der Klassenfeind, Genosse!"

In diesem Augenblick läutete das Telefon, der Chefredakteur hob ab. Während er lauschte, wurde sein Gesicht dunkelrot. Dann legte er wieder auf und versuchte zu lächeln. „Entschuldige, daß ich eben ein bißchen heftig war", sagte er milde. „Du scheinst besser informiert zu sein als ich. Es liegen in der Tat schwere Beschuldigungen gegen den Genossen Matuschek vor. Ich erfuhr soeben, daß er gerade eingehend von der Kontrollkommission der Partei verhört wird."

Der Schriftsteller atmete auf. „Dann erübrigt sich wohl..."

Der Chefredakteur schüttelte den Kopf. „Keineswegs, Genosse. Du schreibst den Artikel wie vorgesehen, aber noch einen zweiten für den Fall, daß unsere Kontrollkommission zu der Ansicht gelangen sollte..."

„Aber das kann ich doch nicht..." wehrte der Schriftsteller entsetzt ab.

„Du kannst!" entschied der Chefredakteur und nahm ein zweites Aktenstück zur Hand. „Hier findest du belastendes Material über Matuschek, mit Äußerungen führender Genossen der Sowjetunion und mit verdächtigen Auszügen aus seinen Reden und Aufsätzen. Sei nicht kleinlich mit abfälligen Ausdrücken wie Parteiverräter, Klassenfeind, Agent undsoweiter undsoweiter."

Der Schriftsteller nahm auch die zweite Akte an sich. „Was aber", fragte er, „wenn die Beschuldigungen nicht so schwerwiegend sind? Soll ich für diesen Fall einen dritten Artikel vorbereiten?"

Der Chefredakteur versank in Nachdenklichkeit. „Ja, ein arges Dilemma..." Wieder läutete das Telefon. Der Chefredakteur nahm ab, lauschte und legte den Hörer mit einem Seufzer der Erleichterung auf. „Wir haben Glück, Genosse", sagte er, stand auf und fügte feierlich hinzu: „Genosse Matuschek ist soeben einem Herzschlag erlegen."

Der Schriftsteller erhob sich gleichfalls. Er hielt noch immer das belastende Aktenstück in der Hand. „Das darf ich jetzt wohl zurückgeben?"

„Selbstverständlich", antwortete der Chefredakteur. „Du schreibst den Artikel wie ursprünglich vorgesehen und gehst noch auf den Tod des Genossen Matuschek ein, der sich in treuem Dienste der Partei aufrieb. Die Werktätigen unseres Landes trauern... Ein unersetzlicher Verlust... Du wirst es schon machen!"

DER KNÜLLER

Der Genosse Chef vom Dienst in der Redaktion der „Wahrheit" sah die letzten Meldungen durch. „Nichts los", brummte er.

Der Volontär betrachtete den Genossen Chef vom Dienst nicht ohne heimliche Schadenfreude. „Die Übererfüllung des Eiersolls in der LPG 'Bauernsegen' ist die einzige Meldung..."

Der Genosse Chef vom Dienst seufzte tief auf. „So ein Redakteur in der kapitalistischen Presse hat es gut", murmelte er, „der druckt die Meldungen einfach ab, ohne sich überlegen zu müssen, ob sie der Sache des Proletariats nützen... Ja, was ist?"

Die Fernschreiberin hatte die Redaktion betreten. „Hier sind noch ein paar Meldungen, Genosse", sagte sie.

Der Genosse Chef vom Dienst griff nach dem Streifen. „Wunderbar!" rief er freudig aus. „Amerikanische Panzer überrollen im Dorf Niedersteben Kinder... Die Bauern des Dorfes... Da fehlt doch was!"

„Die Meldung ist leider verstümmelt, Genosse", entschuldigte sich die Fernschreiberin. „Es tut mir leid, aber..."

Der Genosse Chef vom Dienst wirkte plötzlich aufgekratzt. „Das ist genau das, was wir brauchen. Überschrift: Amerikanische Besatzer töten... Nein, morden ist besser... Amerikanische Besatzer ermorden..."

„Wir wissen doch noch gar nicht..." sagte der Volontär zaghaft.

„Menschenskind!" schrie der Genosse Chef vom Dienst. „Was müssen wir da noch mehr wissen? Los, mit ein bißchen Lyrik fangen wir an. Friedliche Straßen, harmlose Spiele, Kinderlachen... Haben Sie Kinderlachen?"

„Kinderlachen", wiederholte der Volontär. „Plötzlich ein drohendes Donnern, die friedliche Stimmung ist jäh dahin..."

„Jäh ist gut", lobte der Genosse Chef vom Dienst. „Soldateska rückt an, Kinder wälzen sich in ihrem Blute, helle Empörung der Bauern..."

„Ziegelsteine werden geworfen, Benzinkanister in die Turmluken geschleudert, Dreschflegel..." fuhr der Volontär fort.

„Halt!" rief der Genosse Chef vom Dienst. „Dreschflegel ist gut, aber das übrige... Mensch, das klingt doch zu sehr nach 17. Juni und Prag '68. Aber Dreschflegel... Was haben Bauern sonst noch für Werkzeuge?"

„Sensen, Sicheln, Forken, Hacken, Äxte..." zählte der Volontär auf.

Der Genosse Chef vom Dienst nickte beifällig und griff nach dem Hörer. „Setzerei? Hier Chef vom Dienst. Der Leitartikel 'Übererfüllung des Eiersolls in der LPG soundso' muß raus, dafür kommt ein Knüller rein..." Er warf den Hörer auf die Gabel und wandte sich wieder an den Volontär. „Also, die Bauern bewaffnen sich mit Dreschflegeln, Sensen und dem anderen Zeugs... Flüche gegen die bestialischen Besatzer auf den Lippen... Bestialisch ist wichtig..."

„Bestialisch", wiederholte der Volontär und schrieb eifrig.

„Mensch, wiederholen Sie nicht alles stur!" erboste sich der Genosse Chef vom Dienst. „Fällt Ihnen gar nichts ein? Die Kinder haben doch Mütter. Und was tun Mütter in einem solchen Fall?"

„Sie weinen", antwortete der Volontär.

„Weinen!" höhnte der Genosse Chef vom Dienst. „Wutschreie! Sie spucken den Besatzern ins Gesicht... Ich muß wieder einmal alles allein machen. Los, an die Maschine! Tollwütige Besatzer ermorden deutsche Kinder. In Klammern: Von unserem Sonderkorrespondenten. Wieder einmal hat sich die amerikanische Soldateska..."

Der Genosse Chef vom Dienst diktierte, der Volontär schrieb, dann wurde der Artikel in die Setzerei gebracht.

Der Genosse Chef vom Dienst lehnte sich behaglich zurück. „Das hätten wir wieder mal... Ja, was ist?"

Die Fernschreiberin hatte erneut die Redaktion betreten. „Die verstümmelte Fernschreibmeldung ist jetzt vollständig, Genosse", sagte sie.

„Lesen Sie vor", verlangte der Genosse Chef vom Dienst.

„Amerikanische Panzer überrollten im Dorf Niedersteben eine Rinder..."

„Kinder", verbesserte der Genosse Chef vom Dienst.

„Hier steht *Rinder*", entgegnete die Fernschreiberin.

„Wären es Kinder, würde es wohl heißen 'Kinder*schar*', nicht 'Herde'."

„Das ist klar", sagte der Volontär. „Du liebe Güte, wir müssen sofort die Maschinen anhalten."

„Sie sind wohl verrückt!" fauchte der Genosse Chef vom Dienst. „Einen solchen Knüller wieder rausnehmen? Es hätten ebensogut Kinder sein können. Da wird nichts geändert, verstanden?"

„Unsere Zeitung heißt 'Die Wahrheit'", murmelte der Volontär.

„Was wollen Sie damit sagen?" brüllte der Genosse Chef vom Dienst. „Etwa daß der Titel unserer Zeitung identisch sein muß mit ihrem Inhalt? Das ist bürgerlich, reaktionär, talmudistisch! Haben Sie noch nicht bemerkt, daß die 'Abendzeitung' bereits am Vormittag erscheint? Daß die 'Neuesten Nachrichten' nur olle Kamellen enthalten? Daß der Sonntag schon am Donnerstag zu haben ist?"

„Allerdings", gab der Volontär zu. Und daß „Die Freiheit" verboten worden ist... Aber das dachte er nur.

WESTPAKETE

Die alte Frau betrat das Parteibüro rasch und ohne Zögern, blickte auf die Transparente und Bilder an den Wänden, als hätte sie diese noch nie gesehen, nickte ein paarmal vor sich hin und trat dann auf einen der Schreibtische zu.

Hinter dem Schreibtisch saß ein noch ziemlich junger Funktionär. Er hatte die alte Frau mißtrauisch beobachtet. Es war ihm nicht entgangen, daß sie sich in dem Büro wie in einem Raritätenkabinett umsah. Ihm gefiel gar nicht, daß er in ihren Zügen weder Bewunderung noch Furcht zu entdecken vermochte. Wenn ihr Gesicht etwas ausdrückte, dann war es unverhohlene Neugier.

Der junge Funktionär ließ die Faust wie absichtslos auf den Tisch fallen und fragte: „Wer sind Sie? Und was wollen Sie?"

„Guten Tag, junger Mann", erwiderte die alte Frau freundlich, nickte ihm zur Begrüßung zu wie einem alten Bekannten und setzte sich, ohne dazu aufgefordert zu sein, auf den Stuhl vor dem Schreibtisch. „Mein Name ist Antonie Schwarz."

Der junge Funktionär hatte den Gruß mit einer knappen Handbewegung beantwortet. „Und was wollen Sie von uns, Frau Schwarz?"

Die alte Frau blickte ihn verwundert an. „Ich von Ihnen?" sagte sie. „Gar nichts. Sie wollen etwas von mir..." Sie öffnete ihre Handtasche und begann, in ihr zu suchen.

Da bemerkte der ältere Funktionär, der am Nebentisch mit einem Bauern verhandelte: „Das ist die Paketgeschichte!"

„Ach so", sagte der Jüngere. „Bin im Bilde." Dann wandte er sich wieder an die alte Frau, die immer noch in ihrer Handtasche kramte. „Schon gut, Sie brauchen die Vorladung nicht zu suchen."

Die alte Frau ließ die Hände ruhen und blickte ihr Gegenüber abwartend an.

„Also hören Sie mal gut zu, liebe Frau", hob der Funktionär an. „Wir haben festgestellt, daß Sie sehr viele Pakete aus Westdeutschland bekommen..."

„Stimmt", sagte die alte Frau. „Jeden Monat eins. Das ist doch nicht verboten?"

Der Funktionär überging die Frage. „Sie schreiben wohl viele Bettelbriefe?" fuhr er scharf fort. „Wie schlecht es Ihnen geht und daß es bei uns nichts gibt und andere solche Lügen? So ist es doch?"

Die alte Frau schüttelte den Kopf. „Da irren Sie sich sehr, junger Mann", entgegnete sie, nahm einen Brief aus ihrer Handtasche und reichte ihn über den Tisch. „Bitte, lesen Sie ihn, dann werden Sie sehen..."

Der Funktionär nahm ihr den Brief aus der Hand und las mit halblauter Stimme: „Meine Lieben, ich danke euch herzlich für euer Päckchen vom letzten Monat. Es wäre nicht nötig gewesen, mir schon wieder eins zu schicken, denn es geht mir sehr gut, und hier gibt es alles..." Der Funktionär hörte auf zu lesen und blickte die alte Frau mißtrauisch an. „Haben Sie das so gemeint, wie es hier steht, oder..."

„Aber gewiß doch, junger Mann!" rief die alte Frau. „Allen Leuten in unserer Republik geht es doch sehr gut, und das muß man denen drüben..."

„Sagen Sie nicht immer 'junger Mann' zu mir!" brauste der Funktionär auf. „Ich heiße Genosse Müller!" Dann blickte er die alte Frau durchdringend an. „Aus so einem Brief können die Leute drüben nämlich genau das Gegenteil herauslesen..."

„Wirklich?" sagte die alte Frau erstaunt und spielte die Erschrockene.

Die Alte ist ganz raffiniert, dachte Genosse Müller, aber ich kriege sie schon, mit der werde ich doch wohl noch fertig werden. Er öffnete das Seitenfach seines Schreibtisches, holte ein Paket heraus und stellte es vor die alte Frau.

„Hier ist schon wieder ein Paket für Sie!" stellte er mit aller Strenge fest. „Was sagen Sie nun?"

Die alte Frau blickte auf das Paket und ließ dann ihre Augen im Parteibüro umhergehen. „Ich habe noch gar nicht gewußt, daß die Partei jetzt die Paketzustellung übernimmt", meinte sie treuherzig.

Der Funktionär hielt nur mit Mühe an sich. „Die Partei hat politische Aufgaben", sagte er. „Und dazu gehört es, die Bewohner unserer Republik aufzuklären. Verstehen Sie?"

Die alte Frau nickte und betrachtete das Paket mit liebevollen Blicken. Der Funktionär runzelte die Stirn. „Wenn es Ihnen, wie Sie schreiben, so sehr gut geht, weshalb freuen Sie sich denn so über das Paket?" fragte er. „Sie wissen doch gar nicht, was da drin ist..."

Die alte Frau lächelte. „Es könnte nur mit Holzwolle gefüllt sein", entgegnete sie sanft, „und ich würde mich trotzdem freuen. Es kommt gar nicht darauf an, was drin ist."

„So!" rief der Funktionär in einem Ton, als habe er endlich ein Geständnis erlangt. „So groß also sind Ihre Sympathien für alles, was von drüben kommt!"

Die alte Frau lächelte noch immer. „Gewiß, ich habe große Sympathien", antwortete sie. „Für meine Tochter und ihren Mann und meine Enkelkinder..."

Schlau ist die Alte, dachte Genosse Müller. „Ihre Tochter und Ihre sonstigen Angehörigen sind ein Teil der Nato, Frau Schwarz", sagte er. „Darüber müssen Sie sich klar sein."

„Das habe ich noch gar nicht gewußt", sagte die alte Frau erstaunt. „Kennen Sie denn meinen Schwiegersohn, Herr Genosse Müller?"

Der Funktionär atmete schwer. „Das brauche ich gar nicht", sagte er barsch. „Jeder dort drüben ist irgendwie ein Teil der Nato, die uns überfallen will."

Die alte Frau nickte ein paarmal. „Weil sie auf unsere Errungenschaften neidisch sind, nicht wahr?" sagte sie und lächelte breit.

Das ist ja zum Auswachsen! dachte Genosse Müller und fühlte, wie ihn ein Gefühl von Ohnmacht überkam. Die Alte meint das bestimmt ironisch, dachte er, aber wie soll ich das beweisen? Sie führt die Parteiparolen im Munde, wie soll man da noch zwischen echter und falscher, hinterhältiger Zustimmung unterscheiden können? „Hören Sie", sagte er im Befehlston, „Sie könnten die Annahme des Pakets verweigern."

„Weshalb sollte ich das tun?" fragte die alte Frau.

„Aus Protest!" rief der Funktionär.

Die alte Frau hob abwehrend die Hände. „Aber ich kann doch nicht gegen meine Tochter protestieren", entgegnete sie. „Sie hat mir doch nichts getan. Im Gegenteil, sie ist immer..."

„Aus Protest gegen die Nato und gegen die westdeutschen Faschisten!" schrie der Funktionär.

Die alte Frau nahm seine Erregung gelassen hin. Sie wiegte den Kopf hin und her, dann fragte sie neugierig: „Meinen Sie wirklich, daß die in Brüssel es erfahren, wenn ich das Paket zurückgehen lasse?" Himmelherrgottnochmal! Das ist ja nicht zum Aushalten! dachte der Funktionär.

„Nehmen Sie das Paket und hauen Sie ab!" brüllte er.

Die alte Frau stand sofort auf, nahm das Paket vom Tisch und sagte lächelnd: „Vielen Dank, Herr Genosse Müller! Und auch vielen Dank für die freundliche Aufklärung."

Als die alte Frau das Parteibüro verlassen hatte, wischte sich der Funktionär den Schweiß von der Stirn. Wir sind denen nicht gewachsen, dachte er, und wenn wir unsere Macht noch und noch ausweiten und immer mehr Mauern bauen und immer mehr Stacheldraht ziehen, werden wir denen immer noch nicht gewachsen sein.

„Na, der hast du es aber gegeben!" sagte der Parteisekretär anerkennend.

Genosse Müller drückte die Brust stolz heraus. Und dachte: Der hat nicht gemerkt, daß die Alte *mich* eingedeckt hat. Zum erstenmal wurde ihm klar, was für eine gefährliche Waffe die hundertprozentige Zustimmung war — eine Waffe in der Hand derer, die seine Feinde waren oder sein sollten. Er wußte nämlich nicht mehr genau, ob sie wirklich seine Feinde waren.

VOLKSDEMOKRATISCHES STRIPTEASE

Die Genossen sitzen im Saal und starren auf die Bühne. In ihren Augen sind Angst, Furcht und Schrecken, aber keine Spur von Freude. Es sei denn Schadenfreude oder hämische Genugtuung. Ihre Lippen sind in lüsterner Erwartung geöffnet.

Dann ist es soweit. Ein Obergenosse kommt auf die Bühne. Er hat grimmige, entschlossene Augen. Die Genossen im Saal atmen schwer. Der Obergenosse scheint jeden einzelnen genau zu mustern, jedenfalls fühlt sich jeder durchdringend angesehen. Es wird unheimlich still im Saal.

Der Obergenosse beginnt zu reden, mit salbungsvoller Strenge und entschiedenen Handbewegungen. Die Partei, die Partei, die Partei. Sie hat immer recht. Sie ist die Lehrmeisterin. Sie hat gesiegt, sie siegt, sie wird siegen. Es gibt kein einziges Wort, das nicht schon abertausendmal gesagt wurde. Neue Worte gibt es nicht. Neue Worte sind gefährlich, sind Schatten, die lebendig werden und den, der sie sprach, erwürgen können. Erst wenn die allerhöchste Instanz ein neues Wort prägt und zur Benutzung freigegeben hat, darf es gedacht und gesprochen werden, in genau der Betonung, in welcher es vorgesprochen wurde. Jeder falsche Zungenschlag kann verhängnisvoll werden. Es gibt nämlich Leute, die eigens dazu bestellt sind, jeden abweichlerischen, sektiererischen, revisionistischen Zungenschlag zu bemerken und zu melden.

Der Obergenosse hat seine Rede beendet. Die Genossen im Saal recken die Hälse. Ein ehemaliger Obergenosse erscheint auf der Bühne. Er ist bleich, seine Augenlider flattern, als er an das Rednerpult tritt. Er zerrt ein Manuskript aus der Rocktasche, legt es auf den Pultdeckel und schlägt es auf. Dann holt er tief Atem.

Das volksdemokratische Striptease beginnt. Der ehemalige Obergenosse entblößt sich. Zuallererst legt er seine Würde ab und tritt sie mit den Füßen. Dann entäußert er sich seiner eigenen Meinung und speit sich selber ins Gesicht. Hierauf sagt er sich von sich selber los und von allen, die nicht vor der Partei auf dem Bauche kriechen. Er entleert sein Hirn von allen eigenen Gedanken und füllt es vor aller Augen mit dem Spülicht, der vorher aus dem Munde des Obergenossen geflossen ist.

Der ehemalige Obergenosse klagt sich an und verurteilt sich selber, winselt um Verzeihung und schwört beim Vollbart des Propheten, niemals wieder auf eigene Faust zu denken. Er dankt der Partei, die ihn auf den rechten Weg zurückgeführt hat, preist ihre Weisheit und ihre Güte. Er liest alles, was er sagt, Wort für Wort von seinem Manuskript ab. Er hebt die Stimme nicht, er senkt sie nicht, er blickt nicht in den Saal und nicht auf den Obergenossen, er blickt nur in sein Konzept.

Als er geendet hat, steht er mit hängenden Schultern und geneigtem Kopf da wie einer, der den tödlichen Streich demütig zu empfangen bereit ist oder wie einer, der nun nichts mehr hat, um seine Blöße zu bedecken.

Ein Aufatmen geht durch den Saal. Der ehemalige Obergenosse hat es geschafft. Die Genossen, die diese Prozedur schon durchlitten haben, nicken beifällig. Die anderen, die sie noch vor sich haben, lächeln mit verzerrten Mündern. Der Obergenosse erhebt sich und spricht ein paar abschließende Worte. Die Partei, die Partei, die Partei.

Das volksdemokratische Striptease, genannt Selbstkritik, ist beendet.

LYRISCHE EXEGESE

Der Dichter wurde zum Kultursekretär der Parteiorganisation befohlen.

„Nimm Platz!" sagte der Kultursekretär und blickte den Dichter mit ideologisch gefurchter Miene an.

Der Dichter setzte sich, ihm war beklommen zumute. Zwar war er sich keiner Schuld, keiner Abweichung oder kritischen Äußerung bewußt und überdies der Meinung, stets der Parteilinie gefolgt zu sein, so verwirrend die Linienführung mitunter auch gewesen war, aber zum Kultursekretär zitiert zu werden, ist immer eine unangenehme Sache. Man kommt sich vor wie ein Hase, der im Tellereisen sitzt und auf den trotzdem geschossen wird.

„Ich habe hier dein neues Gedicht, Genosse", sagte der Kultursekretär streng. „Es gefällt mir gar nicht." Er schob ihm ein Blatt über den Tisch. „Lies das mal vor."

Der Dichter gehorchte und las:
„Die Gestade freundlicher Länder
sind immer voll Ankunft
und ewig heiter im Abschied,
denn fröhlicher Wiederkehr
sind sie gewiß."

Er blickte von seinem Manuskript auf und fragte: „Was hast du daran auszusetzen, Genosse?"

„Das fragst du noch!" rief der Kultursekretär. „Freundliche Länder! Das ist unpräzise ausgedrückt! Sind etwa *alle* Länder freundliche Länder? Das meinst du doch nicht im Ernst. Oder?"

„Ich meine selbstverständlich die sozialistischen Länder", antwortete der Dichter.

„Du meinst es", erregte sich der Kultursekretär. „Warum sagst du nicht, was du meinst?"

„Ich dachte..." begann der Dichter.

„So fängt es immer an, mit 'ich dachte'", fuhr der Kultursekretär auf. „Nicht was du denkst, ist wichtig, Genosse, sondern was sich die Arbeiter und Bauern denken, wenn sie dein Gedicht lesen, darauf kommt es an! Und was werden sie bei der ersten Zeile 'die Gestade freundlicher Länder' denken? Die Gestade aller Länder, *aller*, sind freundlich, auch die der kapitalistischen. Es muß also heißen..."

„...die Gestade sozialistischer freundlicher Länder", fiel ihm der Dichter ins Wort.

„Falsch!" rief der Kultursekretär. „Die Gestade sozialistischer freundlicher Länder, daraus könnte man schließen, daß einige sozialistische Länder freundlich sind und andere nicht, also muß es heißen: Die Gestade der sozialistischen freundlichen Länder undsoweiter. Ist das klar?"

„Es ist klar", pflichtete der Dichter schuldbewußt bei.

„In dieser ersten Zeile, Genosse, stecken noch mehr Fehler", fuhr der Kultursekretär fort. „Gestade ist doch Meeresufer, nicht wahr? Hast du nicht daran gedacht, daß zum Beispiel die Tschechoslowakische Sozialistische Republik gar kein Gestade hat? Sollen unsere tschechischen Genossen etwa als unfreundliches sozialistisches Land gelten?"

„Nein, nein", beteuerte der Dichter.

„Gestade klingt übrigens formalistisch", fuhr der Kultursekretär fort. „Weshalb also sagst du nicht Ufer? Ufer gibt es überall, auch in der Tschechoslowakischen Sozialistischen Republik, also muß es demzufolge heißen: Die Ufer der freundlichen sozialistischen Länder sind immer voller Ankunft. Für wen sind sie voller Ankunft? Für jedermann? Auch für den Klassenfeind, für Revanchisten, Militaristen, Neofaschisten?"

„Selbstverständlich nicht", antwortete der Dichter. „Ich meinte... ich wollte..."

„Die Aufgabe des Dichters in unserem Arbeiter- und Bauernstaat ist es", belehrte der Kultursekretär den Dichter, „konkret zu sagen, was er will und was er denkt, also muß das Gedicht anfangen: Die Ufer der freundlichen sozialistischen Länder sind immer voller Ankunft für jeden, der sich zum Sozialismus bekennt. Ist das klar?"

„Es ist klar", gab der Dichter zu.

„Weiter im Text", sagte der Kultursekretär. „Und ewig heiter im Abschied, hast du gedichtet. Die sozialistischen freundlichen Länder sind heiter im Abschied? Was heißt das? Etwa, daß wir heiter, froh sind, wenn die Besucher, Delegationen und Einzelreisenden, wieder fortfahren? Damit sie uns nicht zu sehr in die Karten gucken können, unsere sozialistischen Freunde?"

„So habe ich das doch nicht gemeint", verteidigte sich der Dichter.

„Du hast alles nicht so gemeint, wie es da schwarz auf weiß steht", wetterte der Kultursekretär. „Sag gefälligst ganz konkret, was du meinst."

Der Dichter atmete schwer. „Ich ziehe das Gedicht selbstkritisch zurück", sagte er, „es ist formalistisch, unkonkret, dekadent..."

„ ...und ohne Bezug auf den Sozialismus", stellte der Kultursekretär fest. Dann fügte er höhnisch hinzu: „Und im Westen würde man es auch nicht veröffentlichen. Es ist nämlich nicht gut genug..."

SPIELPLANBERATUNG

Ort der Handlung: ein Theater hinter Mauer, Stacheldraht und Minenfeldern. Zeit: Gegenwart. Handelnde Personen: der Intendant, der Dramaturg, ein Kulturfunktionär.

DER INTENDANT: „Dieses Stück, 'Achterbahn' von Ludwig Hörmann, scheint mir sehr geeignet."

DER DRAMATURG: „Mir auch. Es ist literarisch interessant..."

DER KULTURFUNKTIONÄR *aufbrausend*: „Literarisch interessant! Das Stück ist schon vom Titel her anfechtbar. Will der Autor vielleicht schon mit dem Titel andeuten, daß alles, was oben ist, unweigerlich wieder nach unten muß, und das, was unten ist, wieder nach oben kommt? Das Stück ist abgelehnt!"

DER DRAMATURG *zaghaft*: „Wir können vielleicht einen anderen Titel finden..."

DER KULTURFUNKTIONÄR: „Abgelehnt! Es würde sich herumsprechen, daß wir den Titel geändert haben, und die Leute würden erst recht nach antisozialistischen Spitzen suchen. Und sie finden!"

DER INTENDANT: „Der Autor ist Parteimitglied."

DER KULTURFUNKTIONÄR *hohnlächelnd*: „Was besagt das schon? Die 'Achterbahn' kommt nicht in Frage." *Scharfer Blick.* „Ihnen ist doch ein Stück von einem jungen Traktoristen eingereicht worden..."

DER DRAMATURG: „Ja, 'Die Scholle ist unser' von Ernst Hofbauer..."

DER KULTURFUNKTIONÄR: „Jawohl! Es ist ein gutes Stück und enthält alles, was wir brauchen, Aufbauwillen, Begeisterung für unseren Arbeiter- und Bauernstaat, weltanschauliche Eindeutigkeit... Sie stimmen mir doch zu?"

DER DRAMATURG *schüchtern*: „Gewiß. Aber die Charaktere sind schwarzweiß gezeichnet, die Handlung ist dürftig, die Sprache Papier..."

DER INTENDANT *vorsichtig-eifrig*: „Wir möchten nicht noch einmal einen Reinfall erleben wie mit dem Stück 'Wir werden das Soll erfüllen', es war wirklich... Das Publikum und selbst die Abonnenten blieben weg."

DER KULTURFUNKTIONÄR *schreiend*: „Das ist eine kapitalistische Überlegung!"

DER INTENDANT *einlenkend*: „Wir möchten doch nicht vor leerem Parkett spielen, davon hat die Partei nichts."

Der Kulturfunktionär schweigt erbittert.

DER DRAMATURG *gibt sich einen Ruck*: „Wir könnten vielleicht wieder einmal Schiller..."

DER KULTURFUNKTIONÄR *auffahrend*: „Schiller? Das ist doch der mit der Gedankenfreiheit... Abgelehnt!"

DER INTENDANT: „Oder Goethe?"

DER KULTURFUNKTIONÄR: „Sie sind wohl... Der hat doch irgendwo geschrieben 'Es fürchte die Götter das Menschengeschlecht'. Die Götter! Erstens gibt es keine Götter, und zweitens könnte der Gedanke auftauchen, mit den Göttern wären unsere führenden Genossen gemeint, die man fürchten muß."

DER DRAMATURG: „Man könnte Streichungen vornehmen..."

DER KULTURFUNKTIONÄR *wütend*: „Damit die Leute mit dem Textbuch ins Theater rennen und hinterher sagen: Aha, das haben sie bezeichnenderweise gestrichen!" *schüttelt energisch den Kopf* „Aussagen auf der Bühne müssen unzweideutig sein, sie dürfen niemanden dazu verleiten, irgendwelche Parallelen zu ziehen."

DER DRAMATURG *zaghaft*: „Wie wäre es mit Brecht?"

DER KULTURFUNKTIONÄR *erregt*: „Kommen Sie mir bloß nicht mit dem! Er wird in der Sowjetunion nicht, wohl aber in der revanchistischen, imperialistischen, monopolkapitalistischen Bundesrepublik gespielt! Sagt Ihnen das gar nichts? Bei Brecht kann man sich vielzuviel denken!"

Der Intendant und der Dramaturg schweigen.

DER KULTURFUNKTIONÄR *steht auf, beide Hände auf den Tisch stemmend*: „Überlegen Sie es sich noch einmal, Genossen, ob Sie 'Die Scholle ist unser' nicht doch aufführen wollen. Wenn nicht... In diesem Fall würde ich eine einstimmige Resolution des Ensembles, des technischen Personals und aller LPG's unseres Kreises herbeiführen... Ich schließe die Sitzung!" *Geht ab.*

DIE PARADENUMMER

Der volkseigene Zirkusdirektor blickte seinen Besucher neugierig an. „Nun, dann erzählen Sie mal, was Sie können, Genosse Artist."

Der Artist winkte ab. „Hat Zeit, Genosse Direktor. Zuerst will ich Ihnen mal schildern, in welchem Kostüm ich auftrete."

Der volkseigene Zirkusdirektor nickte. „Kostüm ist wichtig, das stimmt."

„Sehen Sie!" sagte der Artist. „Also mein Kostüm. Das ist die erste Überraschung. Ich trage keins!"

Der Zirkusdirektor hob entsetzt beide Hände. „Um Gottes willen!" rief er aus. „Sie wollen doch nicht etwa..." Er wagte nicht, das Wort auszusprechen.

Der Artist lächelte überlegen. „Aber nein", sagte er. „Wenn ich sage, ich trete ohne Kostüm auf, dann heißt das doch nicht... Ich trage einen Bergmannsanzug und eine Bergmannsmütze! Ist das nicht gut?"

Der volkseigene Zirkusdirektor erholte sich schnell von seinem Schrecken. „Das ist sogar sehr gut!" sagte er. „Kein Flitter, keine Clownmaske, sondern einfach Bergmannsanzug... Großartig! Und wie geht es weiter?"

„Will ich Ihnen ja gerade erzählen", sagte der Artist. „Ich grüße freundlich, aber stramm nach allen Seiten und entrolle zwei Fahnen, die Fahne unserer stolzen, vorwärtsstürmenden deutschen demokratischen Republik und die Fahne unseres sowjetischen Brudervolkes."

„Wunderbar!" sagte der volkseigene Zirkusdirektor. „Damit ist der Erfolg Ihrer Nummer schon halb gesichert."

„Ich hoffe es", sagte der Artist bescheiden. „Aber es kommt noch besser. Ich springe dann auf ein Postament, es kann ruhig einen halben Meter hoch sein, und rufe: Die Kumpel vom VEB 'Brikett' erfüllen ihr Soll! Und ihr, Arbeiter,

Bauern, Intellektuelle, Hausfrauen und Jungpioniere?"

„Herrlich!" rief der Zirkusdirektor und klatschte in die Hände. „Und dann, was kommt dann?"

Der Artist lächelte geheimnisvoll. „Dann kommt etwas noch nie Dagewesenes. Ich hole eine Mundharmonika aus der Tasche, eine ganz kleine Mundharmonika..."

„Ah, Sie sind Musicalclown", warf der Zirkusdirektor ein und verbesserte sich sogleich. „Musicalbergmann, meine ich natürlich."

Der Artist überhörte den Einwurf. „ ...und spiele die ersten drei Strophen des Liedes 'Vorwärts, Genossen, es reift schon der Mais!' "

„Ein schönes Lied", sagte der volkseigene Zirkusdirektor, „aber..."

Der Artist wehrte die Bemühung des Direktors, zu Worte zu kommen, mit energischen Handbewegungen ab. „Dann fordere ich die Genossen Zirkusbesucher auf, mit mir ein Kollektiv zu bilden und die nächsten sechs Strophen kräftig mitzusingen. Sie haben doch nichts dagegen, Genosse?"

„Nein", antwortete der Zirkusdirektor. „Aber nun möchte ich doch gern wissen..."

„Gleich, gleich", fiel der Artist ihm ins Wort. „Nach dem Gesang gebe ich ein Zeichen, und dann kommen meine Affen..."

„Aha", sagte der volkseigene Zirkusdirektor erleichtert, „Sie haben also eine Tiernummer."

„Unterbrechen Sie mich nicht immerfort", sagte der Artist ärgerlich. „Die Affen sind nun so dressiert, daß sie Unterschriftslisten herumreichen, für Selbstverpflichtungen aller Art, Errichtung von offenen Schweineställen, sparsamen Stromverbrauch, schonende Behandlung der volkseigenen Parkbänke..."

Der volkseigene Direktor konnte sich nicht mehr beherrschen. „Nun ist es aber genug!" schrie er. „Ich möchte..."

„Meine Affen, übrigens aus volkseigener Zucht, sind dressiert", fuhr der Artist ungerührt fort, „um darauf zu achten, daß sich auch jeder Besucher in die Listen einträgt, dann sammeln sie die Listen wieder ein, schlagen ein paar Purzelbäume und verschwinden."

Der volkseigene Direktor war hochrot geworden. „Ich will wissen, worin Ihre Nummer besteht!" schrie er.

Der Artist blickte ihn erstaunt an. „Das ist meine Nummer, Genosse! Gefällt sie Ihnen nicht? Das Zentralkomitee hat..."

„Doch, doch", beeilte sich der volkseigene Direktor zu sagen. „Nur... könnten Sie nicht Ihre Nummer ein wenig attraktiver gestalten?" fragte er bescheiden.

Der Artist sah ihn verständnislos an. „Ich weiß gar nicht, was Sie an der Nummer auszusetzen haben", entgegnete er. „Sagte ich Ihnen noch nicht, daß jeder, der den Zirkus besucht, von einem Schulungskursus befreit ist?"

„So", sagte der volkseigene Zirkusdirektor und nickte dem Artisten anerkennend zu, „das ist natürlich etwas anderes. In diesem Fall bin ich sicher, daß wir alle unsere Karten absetzen, sogar im Vorverkauf."

SPORTREPORTAGE

„Hallo, meine lieben Sportsfreunde! Hier meldet sich Ottokar Depp aus dem herrlichen Stadion der großen sozialistischen Oktoberrevolution. Das Stadion, dieses grandiose Bauwerk... Und schon beginnt das Spiel, Mittelkamerun hat Anstoß. Aber es kommt nicht weit. Schon ist unser rechter Läufer, der vielfache Meister des Sports Helmut Hockdichdrauf, zur Stelle... Helmut Hockdichdrauf ist immer zur Stelle im Fußball wie in der Fünfundzwanzig-Watt-Bewegung... Und schon rollt der erste Angriff gegen das Tor des Gegners. Ein herrlicher Flankenschlag unseres verdienten Linksaußen Karlotto Schulze... Karlotto Schulze ist nicht nur ein hervorragender Linksaußen, er ist auch Held der Arbeit, vielfacher Aktivist, Träger des Vaterländischen Verdienstordens und Spielführer des Sportclubs Ziegelstein, der erst kürzlich in einem hinreißenden Kampf um den Pokal unseres hochverehrten Generalsekretärs dem Sportclub Dachpappe mit acht zu sieben unterlag...

Und unser Angriff rollt weiter! Er brandet mit ungestümer, geballter sozialistischer Kraft gegen das Tor von Mittelkamerun. Der Sturm unserer jungen deutschen demokratischen Mannschaft zeigt herrliche Kombinationen, jeder schiebt dem anderen die Verantwortung zu. Ja, das ist Weltniveau!

Da, Täwe Stur setzt zum Schuß an. Täwe Stur, jeder kennt ihn, jeder liebt ihn, diesen großen Sohn unserer Arbeiter- und Bauernmacht... Täwe Stur schie... Nein, er schießt nicht, er dribbelt, er dribbelt, er dribbelt... Täwe, warum schießt du nicht? Aha, Täwe Stur gibt den Ball zurück zu Siegfried Machler... Siegfried Machler, Sie kennen ihn alle, liebe Sportsfreunde, das ist der Mann, der kürzlich in der Volkskammer der Deutschen Demokratischen Republik einen flammenden Appell an die Friedensfreunde in aller Welt gerichtet und sie aufgerufen hat...

Von Siegfried Machler wandert der Ball, dieses wunderbare Erzeugnis unserer volkseigenen Lederindustrie, wieder zu Täwe Stur. Und Täwe holt aus, gleich wird er... Was ist da los? Abseits? Ein Sportler unserer deutschen demokratischen Sportbewegung steht niemals abseits, wir haben das Nursportlertum überwunden...

Das Publikum tobt. Einige Heißsporne werfen sogar Flaschen nach dem Schiedsrichter... Das ist nicht recht, Flaschen gehören nicht in das Stadion der Großen Sozialistischen Oktoberrevolution, Flaschen, und natürlich auch Lumpen, Schrott und Altpapier und Abfall jeder Art gehören in die Altstoffsammlung, denken Sie daran, liebe Sportsfreunde, wenn unsere Jungpioniere demnächst bei Ihnen anklopfen.

Und nun wieder zum Spiel. Es steht noch immer Null zu Null, aber unsere Mannschaft drängt, eine Kombination jagt die andere, der Ball läuft wie am Schnürchen... Ja, auch das haben wir von unseren sowjetischen Freunden gelernt. Und von der Sowjetunion lernen, heißt siegen lernen, meine lieben Freunde. Und wir werden...

Jetzt ist gerade einmal Mittelkamerun am Ball, aber da ist unser Stopper, der eisenharte Leutnant der Volkspolizei August Stöberer, jeder kennt ihn, jeder liebt ihn, er läßt keinen durch, keinen Schieber, der die Wirtschaftskraft unserer Deutschen Demokratischen Republik untergraben will, keinen Spion, der die Wasserstände unserer volkseigenen Flüsse auskundschaften will, und selbstverständlich auch keinen mittelkamerunischen Stürmer, der... der... der...

Liebe Sportsfreunde, mir hat es für ein paar Sekunden den Atem verschlagen. August Stöberer hat den Ball verfehlt, ja, er hat ihn verfehlt. Vielleicht, weil er sich um die Winterfurche sorgte, die erst zu siebenundsechzig Komma dreivier Prozent gezogen ist? Jedenfalls hat der mittelkamerunische Halbrechte diese Situation tückisch ausgenutzt und auf unser Tor geschossen, gerade in jene Ecke, in der unser Torwart, der Brigadier der Landwirtschaftlichen Produktionsgenossenschaft 'Es lebe der Mais', nicht stand. Und der Schiedsrichter, dieses bestochene, monopolkapitalistisch verseuchte Subjekt, er schreitet nicht ein, er erkennt auf Tor. Es ist empörend!

Unsere Mannschaft ist ein wenig deprimiert, aber jetzt, ja, jetzt wird sie sich der hohen ehrenvollen Aufgabe, unsere Deutsche Demokratische Republik zu vertreten, wieder bewußt, sie rafft sich, sie strafft sich, sie blickt in die versteinerten Gesichter unserer hochverehrten Genossen auf der Tribüne... Und nun geht sie vor, sie holzt alles um, mit proletarischem Klassenkämpferbewußtsein geht sie an ihre Aufgabe. Und jetzt ein Vorstoß, ein Rückstoß, noch ein Vorstoß, zwei Schritte vor, ein Schritt zurück, wie es in Lenins gesammelten Werken, Band vierzehn, Seite acht, Zeile fünf, heißt. Und jetzt, jetzt ist es soweit... Ja, Tor, Toor, Tooooor! Meine lieben Sportsfreunde, gerade sagte ich noch... und schon... Ich bin hingerissen, ich bin... Nanu? Der Schiedsrichter wagt es doch nicht etwa... Das wäre ja... Doch, meine lieben Zuhörer in der Deutschen Demokratischen Republik, er wagt es! Er erkennt das Tor nicht an! Angeblich hat er vorher gepfiffen! Es ist klar, hier ist eine imperialistische Verschwörung im Gange!

Und nun ist die Hölle los! Ein Aufschrei der geknebelten, geknechteten Masse unseres deutschen demokratischen Volkes bricht los! Auch ich kann nicht an mich halten! Buuuh! Buuuh! Schiebung! Schiebung! Es wird brenzlig! Kampfgruppen formieren sich, die Jungpioniere ballen die Fäuste, die Gesellschaft für Sport und Technik erhebt sich wie ein Mann, ein Volk, ein..."

„Hier ist der deutsche demokratische Rundfunk mit allen seinen Kurz- und Kleinwellensendern mit Richtstrahlern nach Westberlin, Bukarest, Tirana und San Marino! Infolge technischer Störungen müssen wir die Übertragung des Fußballspiels Deutsche Demokratische Republik gegen Mittelkamerun abbrechen."

DIE WAND

Das Kulturhaus des „VEB Feuerroter Oktober" war endlich, endlich fertig geworden. Fast fertig. Nur eine Wand war noch zu bekleiden, die große Wand an der Stirnseite des Versammlungsraumes. Zartgelb getüncht, harrte sie noch ihres Schmuckes. Über sie zu beraten, waren die Genossen der Kulturkommission zu einer Sitzung zusammengetreten. Sie konnten sich nicht darüber einigen, wie die Wand am besten zu schmücken sei, ob durch Bilder, Spruchbänder oder Bemalung.

„Ich beantrage", sagte der Kultursekretär, „einen Genossen Maler damit zu beauftragen, ein riesengroßes Porträt unseres verehrten und geliebten Genossen Wladimir Iljitsch Lenin zu erstellen, und zwar direkt an der Wand."

„Sehr gut!" stimmte der Betriebsparteisekretär zu. „Vielleicht versehen wir dieses Gemälde noch links mit einem Maiskolben, rechts mit einem Sputnik. In diesem Zeichen werden wir siegen: Mais und Sputnik!"

Der volkseigene Direktor wiegte den Kopf bedenklich. „Ich weiß nicht, ich weiß nicht", sagte er vorsichtig. „Ihr wißt, daß ich den Genossen Lenin über alles liebe, aber... Aber stellt euch doch einmal vor, unser hochverehrter Genosse Parteisekretär kommt einmal zu uns und hält uns eine seiner epochemachenden Reden, hier, vor dieser Wand mit dem Riesenkopf des Genossen Lenin. Wie klein würde er da wirken! Das können wir ihm nicht antun!"

„Der Genosse Direktor hat recht", sagte der Jugendsekretär. „Und außerdem... Ist doch unpraktisch, ein Gemälde direkt auf die Wand zu pinseln. Angenommen, es ändert sich mal was..." Er hielt erschrocken inne und schlug den Blick nieder.

Alle starrten auf den Jugendsekretär. Und dachten daran, wie oft der Betrieb schon seinen Namen hatte ändern müssen.

Zuerst hatte er „VEB Wjatscheslaw Michailowitsch Molotow" geheißen, hierauf „VEB Matyas Rakosi", später „VEB Nikita Sergejewitsch Chruschtschow", schließlich „VEB Leonid Iljitsch Breschnew". Dann hatte man es aufgegeben und den Betrieb „VEB Feuerroter Oktober" getauft. Das schien doch am sichersten.

„Eine schlichte Fotografie ist viel künstlerischer", sagte der Kultursekretär. Sie hat auch den Vorteil, daß man sie abhängen kann, wenn der Betreffende abgehängt oder gar aufgehängt wird. Aber das dachte er nur.

„Ich bin für etwas ganz anderes", ergriff nun der volkseigene Direktor das Wort. „Ihr vergeßt eins, Genossen, nämlich daß die Kultur nur ein Mittel ist, um die Produktion anzukurbeln. Also gehören an die Wand Spruchbänder: 'Übersteigert die Planzahlen um Nullkommadrei Prozent' zum Beispiel oder 'Nimm die Fensterscheiben an deinem Arbeitsplatz in persönliche Pflege'. Auch 'Senkt die Krankheitsziffern um hundert Prozent' kommt in Frage."

„Du denkst nur an deine Produktion, Genosse Direktor", erregte sich der Betriebsparteisekretär. „Aber wo bleiben die politischen Parolen? 'Ewige Freundschaft mit der Äußeren Mongolei!' zum Beispiel oder 'Unterstützt den Freiheitskampf Feuerlands!' Ich bitte mir aus..."

„Und kein Spruchband für die Kultur?" fragte der Kultursekretär.

„Und kein Spruchband für die Jugend?" fragte der Jugendsekretär.

„Und kein Spruchband für die Frauen?", fragte die Frauensekretärin.

„Und kein Spruchband für die Gewerkschaft?" fragte der Gewerkschaftssekretär.

Sie konnten sich nicht einigen, denn die Riesenwand war viel zu klein für alle erforderlichen Spruchbänder. Sie waren schon im Begriff, die Sitzung zu vertagen, da kam der Kulturbundfritze. Er begrüßte die Anwesenden flüchtig, dann sah er sich im Saal um. Und erstarrte.

„Großartig!" rief er aus.

Die Genossen schüttelten verwundert die Köpfe.

„Was ist großartig?" fragte der volkseigene Direktor.

Der Kulturbundmensch streckte die Hand aus. „Die Wand!" sagte er begeistert. „Einfach toll!"

Die Genossen blickten ratlos auf die Wand. Sie war nichts als zartgelb getüncht, trug keinen Schmuck, kein Bild, kein hinreißendes Spruchband, nicht einmal eine rote Fahne.

„So eine Wand habe ich in unserer ganzen Republik noch nicht gesehen", fuhr der Kulturbundmensch fort. „Eine Wand, einfach und schmucklos, ohne Plakat, ohne Spruchband, ohne... Ich gratuliere euch, Genossen! Es ist eine architektonische Meisterleistung!"

Als sich die Genossen von ihrer Verblüffung erholt hatten, beschlossen sie, die Wand unbefleckt zu lassen.

Die Sache sprach sich rasend schnell herum. Von weither kamen Delegationen, um die Wand zu besichtigen. Sie standen ebenso fassungslos wie ergriffen vor ihr. Es war das erste kommunistische Weltwunder: eine unbedeckte Wand.

Nach einigen Monaten war es jedoch vorbei mit der Wand, und zwar aus einem ganz natürlichen Grund. Sie hatte nämlich, von Aktivisten in sozialistischer Rekordschnellbauweise errichtet, einen großen Riß bekommen. Man bekleidete sie mit einem Spruchband: „Wir erkämpfen das Weltniveau!" Seitdem ist sie eine ganz gewöhnliche Wand unter anderen Wänden.

SCHULUNGSSTUNDE IN DER FAMILIE

„Vati, das ist doch böse, wenn ein Mann auf einen anderen Mann schießt, nicht wahr?"

„Schießen ist immer böse, Horstl. Oder fast immer. Es gibt nämlich Ausnahmen, aber das verstehst du noch nicht."

„Schießen kann also auch gut sein, Vati. Oder?"

„Es gibt bestimmte Fälle, Horstl, da muß einer schießen. Zum Beispiel wenn er angegriffen wird, das ist dann Notwehr."

„So wie die Neger in Amerika und die in Südafrika, nicht wahr, Vati?"

„Stimmt, Horstl. Sie setzen sich nur zur Wehr."

„Weil sie angegriffen werden, nicht wahr?"

„Sie werden nicht direkt angegriffen, Horstl, aber sie werden unterdrückt. Ein Neger ist nämlich genauso ein Mensch wie ein Weißer und hat deshalb auch die gleichen Rechte, aber die Weißen enthalten sie ihm vor."

„Also darf einer auch schießen, wenn er nicht angegriffen, sondern nur unterdrückt wird, Vati, nicht wahr?"

„So kann man es sagen, Horstl."

„In der ganzen Welt, Vati, überall?"

„Nein, nicht überall, Horstl, nur dort, wo Menschen unterdrückt werden, in den kapitalistischen Staaten. In den sozialistischen Staaten gibt es ja keine Unterdrückung."

„Und deshalb darf in den sozialistischen Staaten nicht geschossen werden, nicht wahr, Vati?"

„So ist es, Horstl."

Kleine Pause, der Bub furcht die Stirn.

„Aber unsere tapferen Volkspolizisten schießen doch, Vati, wenn einer wegrennt, nach drüben."

„Das ist was anderes, Horstl."

„Wieso, Vati? Schießen ist doch Schießen. Und du hast gesagt, einer darf nur schießen, wenn er angegriffen oder unterdrückt wird. Hast du das gesagt, Vati? Hast du das doch gesagt..."

"Ja doch, Horstl, ich habe das gesagt, aber..."

"...aber einer, der wegrennt, der greift doch nicht an und der unterdrückt doch auch nicht. Weshalb schießt unsere tapfere Volkspolizei denn auf so einen? Das ist doch böse, Vati!"

"Nein, Horstl, das ist nicht böse, denn unsere Volkspolizisten schießen ja auf Befehl."

Kleine Pause, der Bub denkt angestrengt nach.

"Wenn einer auf Befehl schießt, Vati, dann ist Schießen also nicht böse. Oder?"

"Im allgemeinen schon, Horstl, aber..."

"Wenn ein Südafrikaner den Befehl kriegt, auf einen Neger zu schießen, und er schießt, dann..."

"...dann ist das böse, Horstl, sehr böse."

"Aber wenn er doch auf Befehl schießt, Vati..."

"Befehl ist eben nicht gleich Befehl, Horstl, es kommt darauf an, wer den Befehl erteilt. Aber das verstehst du noch nicht."

Kleine Pause, dann hebt der Bub einen Zeigefinger.

"Du hast gesagt, Vati, ein Neger ist genauso ein Mensch wie ein Weißer. Ist denn einer, der aus unserem Arbeiter- und Bauernstaat wegrennt, nicht auch ein Mensch wie unsere Volkspolizisten, die auf ihn schießen?"

"Natürlich ist einer, der flieht, ein Mensch, aber er ist kein guter Mensch, Horstl, und deshalb wird auf ihn geschossen."

"Es wird also nur auf böse Menschen geschossen, Vati?"

"So ist das nun nicht, Horstl. In Amerika sind die, die schießen, böse, und bei uns sind die, die fliehen, böse. Aber das verstehst du noch nicht, Horstl."

"Das versteh' ich wirklich nicht, Vati. Weil du das mit dem Schießen nicht gut erklärst."

VORBILDLICHE PLANERFÜLLUNG

Mit geduckten Köpfen, hochroten Ohren, ratlosen Blicken und hängenden Unterlippen, so saßen die Genossen Kreissekretäre um den runden Tisch – bis auf einen. Dieser eine hielt den Kopf gerade und war sichtlich bemüht, seinen Stolz bescheiden, aber doch nicht zu bescheiden zu verbergen. Der Bezirkssekretär aber stand, die Fäuste auf die Tischplatte gestemmt, den Kopf wie zum Stoß vorgeschoben. Er musterte die Kreissekretäre mit Blicken, die halb zornig, halb verächtlich waren.

„Ich verlange von euch Aufklärung darüber", begann er ruhig, aber mit einem gefährlichen Unterton in der Stimme, „weshalb der Absatz unseres Zentralorgans ständig zurückgeht."

„Weil die Leute unsere Zeitung nicht mehr kaufen", sagte einer der Kreissekretäre.

Der Bezirkssekretär sah ihn wütend an. „Das weiß ich", sagte er, „und weil ich das weiß, habe ich diese Sitzung einberufen. Und auch, weil ich wissen will, weshalb die Leute unsere Zeitung nicht mehr kaufen. Das muß doch einen Grund haben oder auch mehrere Gründe. Nun, Genosse Fischer, weshalb wird in deinem Kreis das Soll an verkauften Zeitungen ständig nicht erfüllt?"

Der Angeredete zuckte zusammen, sah auf die Tischplatte und spielte mit seinem Bleistift, dann hob er den Blick und sagte schüchtern: „Unsere Zeitung, Genosse Bezirkssekretär, ist ihnen nicht interessant genug."

„Was? Nicht interessant genug?" rief der Bezirkssekretär. „Das wagst du hier auszusprechen? Ein Argument des Klassenfeindes? Was verlangen die Leute denn von einer Zeitung? Ich glaube, du hast den Einwohnern deines Kreises noch nicht beigebracht, daß das Lesen unserer Zeitung ihre oberste, ihre allererste Pflicht ist. Wie sollten sie denn sonst bekannt werden mit ihrem Wohlstand, mit dem hohen Niveau ihrer Kultur, wenn nicht durch unsere Presse? Wie sollten sie die Errungenschaften unserer schönen, stolzen Republik und die brüderliche Freundschaft und hochherzige Hilfe der großen Sowjetunion gewahr werden, wenn nicht aus den Artikeln unserer Zeitung? Und wie sollten sie ihre Freiheit begreifen lernen, wenn nicht aus den Reden unserer führenden Genossen?"

Der Kreissekretär senkte den Blick. „Vielleicht durch die Wirklichkeit", murmelte er.

Der Bezirkssekretär sah ihn strafend an. „Unsere Presse ist die Wirklichkeit", sagte er belehrend, „nur unsere Presse. Es ist eine bürgerliche Gewohnheit, Nachrichten mit den wirklichen Gegebenheiten zu vergleichen und an dem Ergebnis den Wert einer Zeitung ermessen zu wollen. Die Presse, unsere Presse, ist den Geschehnissen eben voraus..."

„Zu weit", murmelte der Kreissekretär, „viel zu weit."

„Je weiter, um so besser", entgegnete der Bezirkssekretär streng. „Die Leute vermögen so in die weite, in die weitere, sogar in die ferne Zukunft zu schauen, die eine herrliche Zukunft sein wird..."

„ ...auch wenn sie sie nie erleben werden", murmelte der Kreissekretär.

„Wer in die Wolken blickt, sieht das Unkraut am Wege nicht", fuhr der Bezirkssekretär unbeirrt fort, „das ist ein Ausspruch, der zwar von mir stammt, aber von unserem Dichterfürsten Johannes R. Becher geprägt sein könnte. Das, Genosse Fischer, mußt du deinen Leuten beibringen und, wenn nötig, auch einbläuen."

„Die Leute sind eben so rückständig", meldete sich ein anderer Kreissekretär bekümmert, „daß sie lieber ein Stück Brot in der Hand haben wollen, als einen Kuchen auf dem Dach. Sie sind eben nicht fernsüchtig genug. Da kann man halt nichts..."

„So etwas möchte ich nicht hören!" rief der Bezirkssekretär drohend. „Das ist Kapitulantentum, das ist Defaitismus, das ist einfach eure Unfähigkeit, den Nachrichten unseres Zentralorgans Glauben zu verschaffen! Nehmt euch mal ein Beispiel an dem Genossen Ueberheinrich. Der hat seinen Zeitungsplan vorbildlich erfüllt, als einziger in unserem Bezirk. Mit wieviel Prozent hast du deinen Plan erfüllt, Genosse Ueberheinrich?"

„Mit dreihundertzwölf Prozent!" erwiderte dieser.

„Mit dreihundertzwölf Prozent! Das ist fürwahr eine Leistung, die in die Geschichte unserer Republik und unserer ruhmreichen Partei eingehen wird", sagte der Bezirkssekretär mit erhobener, feierlicher Stimme. „Bitte, Genosse Ueberheinrich, berichte den anderen Genossen Kreissekretären, auf welche Weise es dir gelungen ist, den Absatz unseres Zentralorgans in so großartiger Weise zu steigern."
Der Genosse Ueberheinrich straffte sich, dann sagte er: „In meinem Kreis hat es in den letzten Monaten ein paarmal Heringe gegeben..."
„Ja, dann", riefen die Kreissekretäre erleichtert, „dann ist es kein Kunststück. Wenn wir auch einmal Heringe..."
„Die Sitzung ist geschlossen!" schrie der Bezirkssekretär.

DES RÄTSELS LÖSUNG

Der Kreisparteisekretär las seine Rede Wort für Wort ab. Hin und wieder hob und senkte er seine Stimme, stach mit dem Zeigefinger in die Luft oder hieb mit der flachen Hand auf das Rednerpult, dann und wann blickte er auf, als wollte er sich vergewissern, ob seine Zuhörer noch da waren. Ab und zu gelang es ihm sogar, sich zu erregen, dann wartete er auf ein Echo, einen Ruf der Empörung oder ein Zeichen der Zustimmung oder auch auf einen Hauch von Widerspruch, aber nichts von alledem kam; seine Worte versickerten in der Wüste der Apathie, die sich vor dem Rednerpult ausbreitete. Die Bauern saßen unbeweglich da, pafften ihren schlechten HO-Tabak und starrten mit gesenkten Köpfen vor sich hin. Es war eine Haltung der Ergebenheit, sie hockten da wie Leute, die vor einem Regen unter einen Baum geflohen waren und geduldig darauf warteten, daß es aufhörte zu regnen.

Der Sekretär hob resigniert die Schultern und las weiter, mit noch weniger Schwung. Er raffte sich erst wieder auf, als er zum Schluß kam und sagte: „Ihr habt meine Ausführungen gehört, liebe Freunde. Ich eröffne nun die Aussprache. Wer wünscht das Wort?" Dabei richtete er seine trüben Augen erwartungsvoll auf die Versammelten und machte eine ermunternde Handbewegung. Eine lange Minute verging, qualvoll langsam, der Sekretär ließ seinen Blick durch den kleinen Gasthofsaal laufen, aber niemand meldete sich. „Oder hat jemand eine Frage?"

Als sich immer noch niemand erhob, sagte der Sekretär müde: „Dann kommen wir also zur Abstimmung über die Resolution über den Neofaschismus. Wer ist..."

Da erhob sich plötzlich ein alter Bauer. Der Sekretär atmete auf, hatte er doch schon befürchtet, dem Bezirkssekretär melden zu müssen, daß eine Diskussion nicht stattgefunden habe.

„Bitte schön, Friedensfreund", sagte er daher ungewöhnlich freundlich. „Was haben Sie auf dem Herzen?"

Der alte Bauer strich sich seinen buschigen Schnurrbart, schluckte ein paarmal und nahm die Pfeife aus dem Mund, dann fragte er: „Ich möchte gern mal ganz genau wissen, was Faschismus eigentlich ist. Können Sie mir das sagen?"

Der Kreissekretär war verblüfft. Er hatte erwartet, daß ihm verfängliche Fragen vorgelegt würden, über Düngemittel und Saatgut und Ersatzteile für die Maschinen und Dachpappe, und sich vorsorglich eine Anzahl Antworten zurechtgelegt, mit welchen er den Frager beschwichtigen und zugleich bedrohen wollte, aber eine politische Frage, die hatte er nicht erwartet.

Der Sekretär rieb sich die Hände vor Freude darüber, dem Bezirkssekretär melden zu können, es sei ihm gelungen, eine politische Diskussion herbeizuführen, ein überaus seltener Fall, aber dann legte er sein Gesicht in ernste Falten und sagte: „Diese Frage, liebe Freunde, ist von außerordentlicher Bedeutung auch für die Bauern. Faschisten, das sind Menschen, die das Volk entrechten und jeden, der nicht ihrer Meinung ist, verhaften und einsperren, die überhaupt jede Meinungsfreiheit unterdrücken. Es fängt schon in der Schule an und..."

Eine Welle von Bewegung ging plötzlich durch die Versammlung. Die Köpfe hoben sich, der Sekretär sah den Bauern zum erstenmal an diesem Abend in die Augen. Sieh da, frohlockte er, meine Worte haben gezündet. Und er begann, sich in Eifer zu reden. „Dabei sind die Faschisten nur eine kleine Clique", fuhr er fort. „Aber sie halten das Volk mit ihrer Geheimpolizei und ihrem Militär in Schach, sie unterdrücken nicht nur ihr eigenes Volk, sie unterwerfen auch andere Völker und pressen sie aus..."

Der Sekretär war mit sich sehr zufrieden. Man muß die politischen Erkenntnisse nur volkstümlich darlegen, dachte er, dann verstehen einen sogar die Bauern. Sie saßen da, nicht mehr steif und stumm, sie nickten, es sah sogar aus, als wollten sie die Hände zum Beifall rühren.

Schließlich fragte der Sekretär: „Habt ihr nun begriffen, was Faschismus ist? Der Faschismus ist eine schlechte Sache. Wer möchte schon in einem faschistischen Staat leben? In Unfreiheit und Armut und Unwissenheit? Ihr, meine Freunde, doch sicher nicht?"

„Nein!" riefen die Bauern und schüttelten die Köpfe.

„Und deswegen seid ihr auch gegen den Faschismus, nicht

wahr, wo immer er sich zeigt und wie er sich auch nennt?" fragte der Parteisekretär atemlos. „Wer ist also für die Resolution?"

Alle Hände flogen in die Höhe, in allen Augen leuchtete Zustimmung, bejahende Zurufe wurden laut. Die Resolution wurde einstimmig angenommen.

Als der Sekretär wieder in die Kreisstadt zurückfuhr, war er sehr zufrieden, aber auch nachdenklich. Und je länger er nachdachte, um so rätselhafter wurde ihm die Sache. Daß die Resolution einstimmig angenommen worden war, war nichts Besonderes, Resolutionen wurden stets einstimmig angenommen, er hatte es jedenfalls noch nicht anders erlebt, aber daß einer Resolution mit echter, wahrer Begeisterung zugestimmt wurde, das war völlig neu. Er wußte doch genau, wie die Bauern seines Kreises eingestellt waren, sie hatten mit fast siebzig Prozent gegen die Regierung gestimmt (zwei Prozent hatte man nur zugegeben). Und jetzt auf einmal diese Begeisterung!

Er hat die Lösung des Rätsels nie gefunden.

DER LIEBESFILM

„Ich habe dein Drehbuch gelesen, Genosse", sagte der volkseigene Filmdirektor, schob die Brille in die Stirn und blickte den Schriftsteller streng an.

Der Schriftsteller zuckte unter dem Blick zusammen. Er zuckte immer zusammen, wenn ihn ein hoher Funktionär mit unbewehrtem Auge und streng ansah. „Es hat Ih... es hat dir nicht gefallen, Genosse Direktor?"

Der Direktor überhörte die Frage, schlug das Drehbuch auf und las in ihm, wie um sich zu vergewissern. „So geht das nicht", sagte er dann, „nein, so geht das nicht."

Der Schriftsteller war es gewohnt, daß seine Arbeiten wie Schulaufsätze gewertet wurden, und wagte schon längst keinen Widerspruch mehr. Er sagte nur zaghaft: „Aber ich habe doch..."

Der Direktor ließ die erhobene Hand auf das Manuskript fallen. „Was hast du, Genosse?"

Der Schriftsteller wand sich unter dem inquisitorischen Blick. „Aber ich habe doch", sagte er leise, „ich habe das Drehbuch doch so verfaßt, wie wir es seinerzeit besprochen haben."

„Aha!" rief der Direktor. „Da haben wir es!"

„Wie... wie bitte?" stammelte der Schriftsteller.

„Da haben wir es!" wiederholte der Direktor. „Seinerzeit! Wann war das, dieses Seinerzeit?"

Der Schriftsteller überlegte. „Vor vier Monaten schätze ich."

„Es sind genau viereinhalb Monate her", sagte der Direktor sachlich. „Viereinhalb Monate! Und da berufst du dich darauf, was wir damals besprochen haben? Ich muß schon sagen, das stellt deiner ideologischen Weitsicht kein gutes Zeugnis aus."

Der Schriftsteller war bestürzt. Es war gefährlich, wenn die ideologische Klarheit bezweifelt wurde, wußte er doch, daß es von diesem Vorwurf bis zur handfesten Beschuldigung, ein Agent der monopolkapitalistischen Kriegshetzer zu sein, nur ein kleiner Schritt war. „Ich verstehe nicht..." begann er.

Der Direktor nickte mißbilligend. „Gewiß, du verstehst nichts, genau das ist mir aufgefallen. Du weißt wohl nicht, Genosse, daß sich seit unserer letzten Besprechung einiges in der Welt zugetragen hat? Vielleicht ist dir entgangen, was unsere sowjetischen Genossen kürzlich gesagt haben, möglicherweise hast du noch nichts von den letzten Beschlüssen unseres Zentralkomitees gehört. Womöglich hat sich auch der überwältigende Sieg unserer Arbeiter- und Bauernmacht bei den Gemeindewahlen für Frieden und Einheit noch nicht bis zu dir herumgesprochen."

Der Schriftsteller ermannte sich. Das durfte er nicht auf sich sitzen lassen. „Natürlich weiß ich das alles und habe es eingehend studiert", sagte er und bemühte sich, seiner Stimme Festigkeit und seiner Haltung Entschiedenheit zu geben. „Aber wir hatten doch besprochen, ich sollte das Drehbuch zu einem Liebesfilm schreiben. Und das habe ich getan. Die Wahlen und die Beschlüsse haben doch..."

„...haben nichts mit Liebe zu tun, meinst du, nicht wahr?" fiel ihm der Direktor ins Wort.

Der Schriftsteller nickte. „Gewiß."

Der Direktor lachte kurz auf. „Menschenskind", sagte er, „du glaubst doch nicht etwa, daß sich eine Liebesbeziehung zweier junger Menschen heute noch genauso abspielt wie etwa vor einem halben Jahr? Muß ich dir denn erst sagen, daß sich die Ereignisse der letzten Zeit selbstverständlich ganz konkret in ihrem Bewußtsein niederschlagen? Was sind das überhaupt für junge Leute? Sie sind jung und hübsch, sie ist Angestellte, er ist Chauffeur. Und sie lieben sich. Das ist aber auch alles, was wir von ihnen wissen. Nichts ist gesagt über ihre Klassenlage, über ihre Einstellung zur BRD, über ihre Liebe und Dankbarkeit zur großen Sowjetunion. Sie reden viel, aber worüber reden sie? Über Liebe! Warum reden sie immerfort über Liebe?"

„Es sollte doch ein Liebesfilm werden", warf der Schriftsteller schnell ein.

„Ein Liebesfilm, haha." Der Direktor lachte wie über einen guten Witz. „Und worin besteht dein Liebesfilm? Aus Liebe, nur aus Liebe, Eifersucht, Küssen, ein bißchen Ausgezogenheit. Wo gibt es denn solche Liebe? frage ich. Etwa in unserem Arbeiter- und Bauernstaat? Unsere Kulturabteilung wird fragen: Was sind das für Menschen, die sich so viel und so heftig lieben? Haben sie gar nichts anderes zu tun? Sie ist Angestellte. Gut. Aber wo ist sie beschäftigt? In einem Ausbeuterbetrieb? Natürlich nicht! Also in einem volkseigenen Betrieb. Ist sie dort irgendeine Angestellte? Selbstverständlich nicht, sonst würden wir uns nicht mit ihr beschäftigen. Also ist sie eine fortschrittliche Angestellte, die sich Gedanken darüber macht, wie die Arbeit in ihrem Büro verbessert werden kann. Wie aber kann die Arbeit verbessert werden? Durch die Losinskij-Methode!"

Der Direktor holte tief Luft und sprach dann weiter. ,,Und er? Er ist Chauffeur! Weshalb ausgerechnet Chauffeur? Autos sind noch ein Engpaß in unserem sozialistischen Aufbau, der sich so stürmisch vollzieht. Weshalb also wird an diesen Engpaß erinnert? Laß den jungen Mann doch Lokomotivführer werden, selbstverständlich einen fortschrittlichen Lokomotivführer, der nach der Mamedow-Methode rangiert. Stell dir vor, Genosse, welche Möglichkeiten sich dir eröffnen, die beiden Liebesleute über Aktivismus, fortschrittliche Arbeitsmethoden und die Hilfe der großen Sowjetunion sprechen zu lassen, über Wachsamkeit und die segensreiche Politik unserer Regierung, wie leicht es dann ist, die Aussprüche unserer führenden Genossen zu zitieren. Weshalb hast du dir diese Gelegenheit entgehen lassen?"

,,Es sollte doch ein Liebesfilm werden", entschuldigte sich der Schriftsteller verzweifelt.

,,Womöglich ein *reiner* Liebesfilm, was?" fragte der Direktor unwirsch. ,,Liebesfilm! Zwischen den fortschrittlichen Gesprächen kann er ja mal sagen 'Ich liebe dich!', und sie können sich gelegentlich küssen, aber ganz zart und keusch, ohne viel Sinnlichkeit, das mögen unsere russischen Genossen nicht. Meinetwegen kannst du ja diskret andeuten, daß die beiden schon mal... Vielleicht lassen wir in einer kurzen Szene einmal den obersten Knopf ihrer Bluse offen oder zwei Knöpfe, bitte. Ich will dir noch ein paar Tips geben, Genosse. Du läßt die beiden immer durch einen Wald gehen oder über eine Wiese. Weshalb? Laß sie doch in ein HO-Restaurant gehen. Das ist eine großartige Gelegenheit, um unsere Gaststättenkultur zu demonstrieren. Und die Lenin-Allee muß selbstverständlich drin vorkommen und unsere Volkspolizei, wachsam und unerbittlich, aber auch hilfreich und gütig. Und vergiß nicht unseren Wohlstand. Vielleicht beweisen wir ihn durch die hübsche Unterwäsche deiner Heldin, weil es ja ein Liebesfilm ist. Nun, was sagst du jetzt, Genosse? Leuchtet es dir ein?"

Überwältigt neigte der Schriftsteller ergeben den Kopf.

„Schön, daß du selbstkritische Einsichten hast", sagte der Direktor. „Du schreibst mir also das Drehbuch um. Ich bin überzeugt, daß wir gut zusammenarbeiten werden, und daß sich deine schöpferische Initiative voll entfalten wird, sobald du Marx und Lenin, die Geschichte der KPdSU und die Parteibeschlüsse aufmerksam studiert hast. Du scheinst mir nicht sehr erbaut zu sein von dieser großen Aufgabe..."

„Doch, doch", versicherte der Schriftsteller rasch, „ich dachte nur, wir wollten einmal was anderes machen."

„Wir brauchen nichts anderes", sagte der Direktor und erhob sich. „Wir brauchen immer dasselbe. Hast du dir alles gemerkt?"

Der Schriftsteller nickte, verabschiedete sich und ging.

„Und lies fleißig das 'Neue Deutschland'", rief ihm der Direktor nach. „Dann kannst du die neuesten Beschlüsse stets einarbeiten."

LOGIK UND DIALEKTIK

„Liebe junge Genossen", sagte der Politoffizier, „ich möchte heute auf den Unterschied zwischen Logik und Dialektik zu sprechen kommen, und zwar in Form eines Seminars. Ihr wißt doch, was ein Seminar ist?"

Die jungen Rekruten nickten, allerdings recht zurückhaltend.

„Es hat den Anschein, als ob ihr..." begann der Politoffizier. „Schulz, erläutern Sie uns mal, was ein Seminar ist."

Rekrut Schulz erhob sich. „Ein Seminar ist, wenn ein höherer Genosse mit einfachen Genossen diskutiert, um..."

„Das ist eine Diskussion", unterbrach ihn der Politoffizier. „Sie verwechseln da etwas, Schulz. Deshalb gehe ich einen Schritt zurück und frage Sie: Was ist eine Diskussion?"

„Eine Diskussion ist", antwortete Rekrut Schulz schnell, „wenn alle der gleichen Meinung sind und feststellen, daß sie gleicher Meinung sind."

„Gut", lobte der Politoffizier. „Und worin unterscheidet sich eine Diskussion von einem Seminar?"

Der junge Rekrut schwieg.

Der Politoffizier rief einen anderen Rekruten auf. „Müller, können Sie es uns sagen?"

Müller sprang auf. „In einem Seminar sind auch alle gleicher Meinung", antwortete er, „aber sie tun so, als seien sie es nicht und kommen durch Fragen und Antworten zu dem gleichen Ergebnis wie bei einer Diskussion."

„Gut definiert!" sagte der Politoffizier. „Wir halten heute also ein Seminar ab und zwar über den Unterschied zwischen Logik und Dialektik. Dabei gehen wir davon aus, daß der Gegenstand, über den wir jetzt das Seminar abhalten, noch völlig unerforscht ist. Ich frage und ihr antwortet, und ihr fragt und ich antworte. Auf diese Weise ermitteln wir die Wahrheit. Ist das klar?"

Alle nickten. „Um den Unterschied zwischen Logik und Dialektik herauszufinden", fuhr der Politoffizier fort, „brauchen wir demnach zunächst einen Gegenstand, Gegenstand im weitesten Sinn. Ich schlage vor, dieser Gegenstand ist der westdeutsche Militarismus. Ja, was ist, Krause?"

Der junge Rekrut hatte sich halb erhoben. „Sagten Sie nicht soeben, Genosse Hauptmann", fragte er zögernd, „wir, Sie und meine Kameraden, wir sollten so tun, als seien wir nicht einer Meinung..."

Der Politoffizier blickte ihn streng an. „Was wollen Sie damit sagen, Krause? Etwa daß es einen westdeutschen Militarismus nicht gibt?"

„Ich dachte nur ... weil Sie sagten ..." stammelte Rekrut Krause. „Wir müßten doch erst feststellen, durch Frage und Antwort ..."

„... daß es einen westdeutschen Militarismus gibt?" fiel der Politoffizier ihm ins Wort. „Das zu beweisen, haben wir nicht nötig, weil es längst bewiesen ist. Setzen Sie sich!" Er wandte sich an die anderen Rekruten. „Bezweifelt einer von euch, daß es einen westdeutschen Militarismus gibt?"

Alle schüttelten den Kopf.

„Es ist also unlogisch, den westdeutschen Militarismus zu leugnen", sagte der Politoffizier. „Logisch ist hingegen, seine Existenz als vorhanden zu betrachten. Was folgt aus dieser Logik, Müller?"

„Daß wir ihn bekämpfen müssen!" rief Rekrut Müller.

„Gut! Und weshalb müssen wir ihn bekämpfen?" fragte der Politoffizier weiter.

„Damit wir unseren eigenen Militarismus auch auf..." begann Rekrut Müller.

„Halt!" rief der Politoffizier. „Das ist nicht mehr Logik, das ist bereits Dialektik." Er nickte dem Rekruten Müller zu und hieß ihn, sich wieder zu setzen. „Hier habt ihr ein Beispiel für den Unterschied zwischen Logik und Dialektik. Gehen wir systematisch weiter. Wir bekämpfen also den westdeutschen Militarismus. Und wie tun wir das? Wer weiß darauf eine Antwort? Vielleicht Sie, Könnecke?"

„Indem wir den Pazifismus fördern", antwortete er. „Wer Pazifist ist, ist logischerweise gegen Militarismus."

Der Politoffizier sah den jungen Rekruten durchdringend an. „So, Sie möchten also, daß der Pazifismus gefördert wird?"

„Jawohl!" antwortete Rekrut Könnecke.

„Überall? In der ganzen Welt?"
„Jawohl!"
„Und Sie sind der Meinung, daß der Militarismus alsdann von selbst verschwindet?"
„Jawohl!"
„So!" donnerte der Politoffizier. „Und wie stellen Sie sich die Weltrevolution vor? Die Beseitigung des Imperialismus, Kolonialismus, Kapitalismus? Mit Palmwedeln und Friedenstauben?"

Rekrut Könnecke schwieg erschrocken.

„Was Sie da eben vorgebracht haben, Könnecke, mit Ihren Jawohls, das ist Logik, aber keine Dialektik", sagte der Politoffizier streng. „Ihr seht, liebe junge Genossen, wohin man mit der Logik geraten kann. Es ist zwar logisch, den Pazifismus zu fördern, jedoch nur ... Nun, Müller, fahren Sie fort!"

Müller sprang auf. „... jedoch nur bei unseren Gegnern", ergänzte er.

„So ist es", sagte der Politoffizier und nickte anerkennend. „Und nun, liebe junge Genossen, wollen wir das Ergebnis dieses Seminars konkret zusammenfassen. Wer will es versuchen?"

Alle sahen verlegen zur Seite.

„Nun, dann will ich es für euch tun", sagte der Politoffizier nachsichtig. „Es ist logisch, daß wir den westdeutschen Militarismus bekämpfen, aber es ist dialektisch, wenn wir in unseren eigenen Reihen keinen Pazifismus dulden. Hat jemand etwas gegen diese These einzuwenden?"

Niemand meldete sich.

„Dann ist der Unterricht für heute beendet", sagte der Politoffizier.

Als die Rekruten unter sich waren, fragte einer: „Habt ihr begriffen, worin der Unterschied zwischen Logik und Dialektik besteht?"

„Da ist gar kein Unterschied", antwortete Rekrut Schulz. „Mit beiden hauen sie uns in die Pfanne."

SONDERURLAUB

Wann erhält ein Volksarmist drei Tage Sonderurlaub? Wenn er einen Flüchtling, einen Menschen, der in die Freiheit will, erschossen oder wenigstens angeschossen hat. Wenn er einen Kameraden denunziert, der sein Transistorradio nicht abgeliefert hat und heimlich Westsendungen hört. Wenn er Verbesserungsvorschläge einreicht, wie man die Abschnürung, die Abdrosselung der eigenen Landsleute noch vollkommener machen kann. Wenn er, mit anderen Worten, sozusagen zur gereckten Drohfaust wird und die Macht des Arbeiter- und Bauernstaates stärkt.

Es geht aber auch anders. Ein Volksarmist kann drei Tage Sonderurlaub kassieren, ohne daß er einen einzigen Schuß abgefeuert, einen Kameraden denunziert oder überhaupt etwas unternommen hätte, um anderen zu schaden. Er braucht nur seine Linientreue unter Beweis zu stellen, indem er einen Befehl verweigert.

Das Beispiel des Volksarmisten Dieter Schulze beweist es. Dieter Schulze tat Dienst am berühmtesten Bauwerk und Denkmal der Ostrepublik, an der Berliner Mauer. Er gehörte zu denen, die nachts mit den westdeutschen Polizisten, die jenseits der Mauer standen, flüsternd ein paar Worte wechselten, sich ein paar Zigaretten durch den Metallgitterzaun schieben ließen und ein Lächeln mit einem Lächeln erwiderten — alles selbstverständlich nur dann, wenn kein Offizier in der Nähe war. Sobald ein Vorgesetzter auftauchte, hob Volksarmist Dieter Schulze seine Maschinenpistole und brachte sie in Anschlag, als sei er bereit, zu feuern, er setzte eine grimmige Fratze auf und bleckte die Polizisten der Kaltkrieger aus dem Westen feindselig an. Entfernte sich der Genosse Offizier, so wurde aus dem entschlossenen Verteidiger des Arbeiter- und Bauernstaates wieder ein ganz normaler junger Mann, der eigentlich Volksarmee und DDR so ziemlich zum Kotzen findet. Und er hob die Schultern, lächelte den Polizisten jenseits der Mauer entschuldigend an und flüsterte durch den Zaun: „Erschrick nicht, das Zähnefletschen gehört halt dazu."

Und ausgerechnet dieser Volksarmist soll drei Tage Sonderurlaub und ausgerechnet wegen Befehlsverweigerung erhalten haben? Unglaublich, aber wahr.

Plötzlich hatte der große Bruder aus Moskau wieder einmal eine Entspannung befohlen. Wie aber entspannt man die Soldaten einer Armee, die man bisher auf Wachhund gedrillt hat? Die man angespitzt hat, damit sie in das Fleisch des Feindes stoßen? Wie sonst — indem man befiehlt, freundlich und höflich statt grimmig und barsch zu sein. Und zu lächeln. Denen, die man bisher als Frontstadtkrieger und als Lakaien des amerikanischen Imperialismus beschimpft hat, jenen also ins Gesicht zu lächeln und so zu tun, als existierten Mauer, Stacheldraht, Wachtürme und Todesstreifen nur in der Phantasie einer verlogenen Hetzpresse.

In der Instruktionsstunde erteilte der Genosse Hauptmann die dienstliche Anweisung, zu lächeln, ganz offen und ungehemmt zu lächeln. Nicht zu lächeln, kam mithin einer Dienstverletzung gleich. Keinem der jungen Rekruten fiel es ein, sich dem Lächelbefehl zu widersetzen. Er kam einem inneren Bedürfnis sowieso entgegen. Es war der überaus seltene Fall, daß Befehl und Bedürfnis übereinstimmten. Alle strahlten die Mauer an und niemand kam auf den Gedanken, den Befehl zu verweigern. Nur der Volksarmist Dieter Schulze erkannte die große Chance, sich drei Tage Sonderurlaub zu verschaffen.

Volksarmist Dieter Schulze lächelte auch trotz der befohlenen Entspannung nur heimlich. Als sich der Genosse Hauptmann näherte, um das Lächeln zu kontrollieren, da fletschte Dieter Schulze die Zähne und blickte grimmig auf die Mauer.

„Schulze", sagte der Genosse Hauptmann entschieden, „ich habe den dienstlichen Befehl ausgegeben, zu lächeln. Also lächeln Sie gefälligst!"

Volksarmist Dieter Schulze knallte die Hacken zusammen. „Genosse Hauptmann, es ist mir unmöglich, die Feinde unseres geliebten Arbeiter- und Bauernstaates anzulächeln. Es geht gegen meine Überzeugung!"

Der Genosse Hauptmann blickte den jungen Rekruten ernst an. „Ich könnte Ihr Nichtlächeln als Befehlsverweigerung auslegen, Schulze", sagte er. „Aber ich werte Ihr Verhalten als das, was es ist, nämlich als ungewöhnlich starke Überzeugungstreue. Und dafür gewähre ich Ihnen hiermit drei Tage Sonderurlaub!"

Als der Genosse Hauptmann außer Sicht war, lächelte Volksarmist Dieter Schulze wieder, über die Mauer hinweg und sich selber zu.

HELDIN DER BILDUNG

Der Genosse Direktor hatte wahrlich schon genug Kummer mit seiner Volkshochschule. Er mußte nicht nur die Lehrpläne ausarbeiten, die Dozenten auswählen, ihre Vorträge zensieren und darauf achten, daß sie ja kein Wort sagten, das nicht zuvor auf der Goldwaage der Partei gewogen worden war. Er mußte vor allem sein Soll an Hörern erfüllen und die Statistik so geschickt fälschen, daß es nicht herauskam. Wenn schon die Hörsäle leer blieben, so sollte wenigstens die Statistik ausweisen, daß das Leben in seiner Volkshochschule lebhaft pulsierte.

Und nun hatte ein Genosse Volkskorrespondent von der „Roten Tribüne" seinen Besuch angekündigt. Das konnte schlimm ausgehen. Es war nicht auszudenken, was alles geschehen konnte, wenn der Genosse Schnüffler dahinterkam, daß in den Hörsälen stets nur ein paar kümmerliche Figuren herumsaßen, die sich durch die Vorträge hindurchgähnten, und daß es nie gelang, auch nur eine bescheidene Diskussion hervorzurufen. Und was würde der Genosse Volkskorrespondent dazu sagen, daß einzig der Kinosaal gut besucht, ja, geradezu überfüllt war und die Genossen Volkshochschüler sich sogar prügelten, um hineinzukommen – wenn nämlich ein Film aus dem feindlichen Westen gezeigt wurde? Und wie würde er sich erst empören, wenn er erfuhr, daß die gleichen Volkshochschüler mit Windhundsprüngen den Kinosaal wieder verließen, um der darauffolgenden ideologischen Zerschmetterung dieser filmischen Machwerke, dieser Ausgeburten monopolkapitalistischer Profitsucht zu entkommen? Würde er ihm, dem Direktor der Volkshochschule, nicht den beliebten Vorwurf der mangelnden Überzeugungs- und Breitenarbeit machen?

Der Genosse Direktor war völlig ratlos. Da entsann er sich des einzigen Positivums, einer älteren Frau, die an vielen Kursen teilnahm, die würde er dem Genossen Schnüffler vorweisen, mit der würde er paradieren...

Da kam auch schon der Genosse Volkskorrespondent, reichte dem Genossen Direktor flüchtig die Hand, sah sich im Büro um und nickte befriedigt. Die Bilder und die Spruchbänder an den Wänden fanden seine Zustimmung. „Ich bin gekommen", begann er sodann, „um einen Artikel über Volkshochschulaktivisten für die 'Rote Tribüne' zu schreiben. Können Sie mir dabei behilflich sein, Genosse?"

„Selbstverständlich!" rief der Genosse Direktor. „Solche Leute haben wir die Menge. Ich denke da besonders an eine ältere Frau, sie heißt" — er blickte in das Schülerverzeichnis — „Helene Obendrauf und nimmt an nicht weniger als acht Kursen teil..."

„Donnerwetter!" rief der Genosse Volkskorrespondent. „Das ist ja ein wahrhaft unbändiger Bildungsdrang!"

„Sie ist geradezu eine Heldin der Bildung", bestätigte der Genosse Direktor. „Es ist an der Zeit, daß wir diesen Titel in unserem Arbeiter- und Bauernstaat einführen."

„Helene Obendrauf", murmelte der Genosse Volkskorrespondent und schrieb den Namen in sein Notizbuch. „Können Sie mir die Themen der Kurse nennen, an denen sie teilnimmt?"

„Gern", antwortete der Genosse Direktor. „Das sind die Kurse 'Über den Einfluß der Imkerei auf die Umgestaltung der Landwirtschaft', 'Schiller und Goethe, die Vorläufer des sozialistischen Realismus', 'Volksaufklärung statt Psychoanalyse', 'Weshalb ewige Freundschaft mit der Äußeren Mongolei?', 'Russische Erfinder in der Welt stets voran'..."

„Großartig!" sagte der Genosse Volkskorrespondent. „Diese vorbildliche Aktivistin interessiert sich also für die verschiedensten Wissensgebiete. Das gibt eine wunderbare Geschichte, ich habe schon die Schlagzeile dafür: Einfache Arbeiterin... Sie ist doch eine einfache Arbeiterin?"

„Bestimmt!" versicherte der Genosse Direktor. „Sie macht mir ganz den Eindruck, ist schlicht, aber sauber gekleidet, hat verarbeitete Hände, ein runzliges Gesicht..."

Der Genosse Korrespondent war ein wenig enttäuscht. „Hübsch ist sie nicht? Schade, ein bißchen sozialistischer Sex ist immer werbewirksam, wie bei Zahnpasta und Seife, aber... Ja, so werde ich es formulieren. Der Glanz der klassenbewußten Arbeiterin verschönt ihre herben Züge. Hinter ihrer hohen Stirn... Ungeheurer Bildungsdrang... Dank der Befreiung der arbeitenden Klasse... Tatkräftige Unterstützung durch unser sowjetisches Brudervolk... Will das gleich mal zu Papier bringen." Nachdem er seine Notizen beendet hatte, fuhr er fort: „Der Artikel ist schon fix und fertig, aber ich würde mir unsere Heldin gern mal ansehen. Obwohl es eigentlich gar nicht mehr nötig ist..."

Der Genosse Direktor erhob sich. „Sie hört heute in Saal sechs eine Lesung über 'Sokrates — ein Opfer der Klassenjustiz'. Gehen wir!"

In Saal sechs las ein Dozent sein Manuskript vor, ohne auch nur einmal den Blick zu heben. Das ist verständlich, denn es ist gefährlich, auch nur um eine Buchstabenbreite oder um einen Zungenschlag vom genehmigten Text abzuweichen. Außer dem Dozenten und einem Genossen, der ihn überwachte, waren noch fünf Hörer im Saal. Und unter ihnen war...

„Da ist sie!" flüsterte der Genosse Direktor.

Ja, da war sie, Helene Obendrauf, Heldin der Bildung. Sie saß bescheiden in der letzten Reihe, hatte den Kopf in den Nacken gelegt und die Hände über dem Leib gefaltet. Der Genosse Volkskorrespondent musterte sie neugierig. Daß es so einen Menschen, noch dazu eine Frau, gab, die den roten Himbeer so gierig in sich hineinschlürfte... Er selber, Volkskorrespondent Heinrich Genügsam, bekam schon Leibschmerzen, wenn er nur das Programm der Volkshochschule las. Und die da... Es war nicht zu fassen!

Als die Vorlesung beendet war, näherte sich der Genosse Volkskorrespondent der Frau. „Entschuldigen Sie, Genossin", sprach er sie an, „ich bin Reporter der 'Roten Tribüne' und möchte gern einen Artikel über Sie schreiben, Sie zur Heldin der Bildung vorschlagen. Würden Sie mir etwas über Ihre Motive sagen?"

Die Frau sah ihn erstaunt an. „Motive?" fragte sie mißtrauisch. „Wie meinen Sie das?"

Der Genosse Volkskorrespondent lächelte jovial. „Ich meine, was Sie veranlaßt, Abend für Abend hierher zu kommen und diese Vorträge..."

„Ach so!" fiel ihm die Frau ins Wort und atmete wie erleichtert auf. „Das will ich Ihnen gern sagen, Herr Genosse. Sehen Sie, das ist so. Mein Mann spielt jeden Abend Karten mit zwei Kollegen, dabei schreien sie und rauchen schlechten Tabak. Da komm' ich lieber hierher, hier ist es schön ruhig, keiner stört mich..."

Als sie wieder im Büro saßen, sagte der Genosse Direktor bekümmert: „Und eine hohe Stirn hat sie auch nicht. Das ist Pech, Genosse. Der schöne Artikel..."

Der Genosse Volkskorrespondent hatte seine Fassung wiedergewonnen. „ ... bleibt so wie er ist. Wäre doch schade um ihn. Sozialistischer Realismus heißt ja nicht, schreiben was ist, sondern wie es sein sollte. Ich sage Ihnen, diese Heldin der Bildung wird Schule machen, sie wird eine Helene-Obendrauf-Bewegung auslösen! Und ich, ich werde ihr Förderer sein und vielleicht auf einen Redakteursposten kommen. Gratulieren Sie mir, Genosse!"

ÜBERDRUSS

Als Franz Müller, ein schlichter Bürger jenes Gebildes, das weder eine Republik, noch demokratisch und kaum deutsch ist, als dieser Franz Müller eine Urlaubsreise zugeteilt bekam und zwar von jener Organisation, die sich Gewerkschaft nennt, aber keine ist, da war dieser Franz Müller dennoch nicht zufrieden. Denn er hatte eigentlich ins Gebirge gewollt und mußte nun an die See, aber er dachte: Besser doch eine schlechte oder eine falsche Reise als gar keine. Außerdem wußte er nicht, ob die Ablehnung einer Ferienreisezuteilung ihm nicht als Sabotage oder als feindlicher Akt ausgelegt werden würde. War es nicht möglich, daß die Weigerung, durch eine Ferienreise neue Kräfte für den Aufbau zu sammeln, als eine Art Selbstverstümmelung betrachtet wurde?

Außerdem hatte Franz Müller noch einen anderen, sehr wichtigen Grund, den Urlaub nicht in seinem sächsischen Mittelstädchen zu verbringen. Er wollte wenigstens für drei Wochen dem Stadtfunk und seinen Tonsäulen entfliehen, deren eine unmittelbar unter dem Fenster seines Schlafzimmers am Marktplatz stand. Dieser Tonsäule entrieselten stundenlang in großer Lautstärke Worte und Musik, selbstverständlich fortschrittliche Worte, gewissermaßen tönende Transparente von Sollerfüllung und Leistungssteigerung und dem neuen, besseren Leben, und fortschrittliche Musik auch, in solchem Maße, daß Franz Müller ein erbitterter Feind jedweder musikalischen Äußerung geworden war, gleichgültig ob nun die Freundschaft mit dem großen sowjetischen Brudervolk, die Liebe zur Republik oder der Dompfaff besungen wurde, der irgendwann einmal eine Trauung vollzogen hatte. Der Stadtfunk war der Alptraum Franz Müllers; um ihm zu entfliehen, konnte man schon getrost die Last einer FDGB-Ferienreise auf sich nehmen.

Franz Müller irrte sich. In allen Zugabteilen befanden sich

Lautsprecher, jeder dieser Lautsprecher spie ununterbrochen Worte oder Musik aus, genau jene Worte und jene Musik, die Franz Müller viel zu genau kannte.

Er hockte, vollgesogen mit Ingrimm, auf seinem Platz, aber er wagte nicht seinen Zorn zu zeigen, es hätte ja sein können, daß man ihn, Franz Müller, für einen Saboteur hielt.

So ließ er auch den Zugfunk über sich ergehen und tröstete sich damit, daß selbst ein Zug der sowjetdeutschen Eisenbahn einmal ans Ziel gelangen müsse, und dann, ja dann würde er nur noch das Rauschen der See vernehmen, das Rascheln des Windes im Strandhafer, vielleicht sogar die Geräusche eines annähernd fröhlichen Badelebens.

Franz Müller irrte sich abermals. Es gab nämlich im Badeort einen Strandfunk. Mit tönenden Transparenten von Sollerfüllung und Leistungssteigerung und viel, sehr viel Musik, von der Freundschaft des großen sowjetischen Brudervolkes, der Liebe zur Republik und dem Manne, der irgendein Mädchen auf die Schulter geküßt hatte. Die Wellen der Ostsee wurden übertönt, überspült von den Donauwellen, von Rheinländer-Potpourris und zackigen Marschliedern der tapferen Volkspolizei. Auch die Mahlzeiten im Ferienheim wurden gewürzt — durch den Heimfunk.

Als Franz Müller aus dem Urlaub zu seinem Stadtfunk zurückkehrte, war er ganz und gar nicht erholt, sondern ungewöhnlich reizbar. In diesem Zustand beging er eine Tat, von der nun zu berichten ist. Er meldete sich zur Landhilfe, bevor irgendeine Aufforderung ergangen oder irgendein Druck auf ihn ausgeübt worden wäre, also sozusagen *freiwillig*.

Die Funktionäre im Parteihaus starrten ihn wie ein Wundertier an, dann versuchten sie zu erforschen, ob hinter Franz Müllers freiwilliger Meldung etwa landesverräterische oder klassenfeindliche Absichten steckten, denn eine solche Meldung aus eigenem Entschluß war ihnen noch nicht vorgekommen. Aber Franz Müller schien bieder, so blieb also nur die Gewißheit, daß er verrückt war. Da das zuständige Irrenhaus gerade eine Planuntererfüllung gemeldet hatte, steckte man ihn in die Irrenanstalt.

Franz Müller fühlte sich hier so wohl wie nie zuvor. Denn einen Irrenhausfunk gab es nicht. Jedenfalls nicht für die Irren, sondern nur für die Wärter.

PAPAGEI ZUGEFLOGEN

Als Genosse Siebenhaar, Schulungsleiter im VEB „Walter Ulbricht", am frühen Morgen durch den Park der deutsch-sowjetischen Freundschaft ging, entdeckte er in den Zweigen eines Baumes einen seltsamen Vogel. Er hatte gelbe Kopf-, rote Bauch- und grüne und gelbe Schwanzfedern. Aha, ein Papagei, dachte Genosse Siebenhaar und blieb stehen. Da Papageien im Arbeiter- und Bauernstaat nicht heimisch sind, konnte er also nur entflogen sein. Die Frage war, wem er entflogen, ob er Privat- oder Volkseigentum war. Vielleicht gehörte er einem volkseigenen Zirkus. Genosse Siebenhaar streckte eine Hand aus und hielt dem Vogel den Zeigefinger hin. Der Papagei neigte den Kopf seitwärts und krächzte etwas vor sich hin, dann breitete er die Flügel aus, flog auf und setzte sich auf den ihm entgegengehaltenen Finger.

Ein zutrauliches Tierchen, dachte Genosse Siebenhaar und besah den Vogel eingehend, aber er konnte nichts entdecken, was auf seine Herkunft schließen ließ. Papageien tragen ja nicht wie Hunde ein Halsband mit einer Steuermarke, mit deren Hilfe man den Besitzer ausfindig machen kann. Was war zu tun? Gehörte der Papagei zu den Fundgegenständen, die man abliefern mußte? Genosse Siebenhaar wußte es nicht. Er hatte zwar die Wohnung eines Republikflüchtigen samt Inventar ohne Skrupel in Besitz genommen, aber mit dem Papagei war er unsicher. Da es unverantwortlich gewesen wäre, den Papagei den Unbilden der Witterung, den Schwierigkeiten der Nahrungssuche und nicht zuletzt der Willkür subversiver Elemente auszusetzen, nahm Genosse Siebenhaar den bunten Vogel mit nach Hause und verständigte zugleich das Volkspolizeirevier. Da keine Verlustmeldung eingegangen war, wurde Genosse Siebenhaar beauftragt, den Papagei bis auf weiteres in persönliche Pflege zu nehmen.

Nun sind Papageien nicht nur schön bunt, sie sind auch dafür bekannt, daß sie die Fähigkeit besitzen, sprechen zu lernen. Da Genosse Siebenhaar — von seinem Schulungskursus her — gewohnt war, Menschen zum Nachplappern zu bewegen, wollte er diese seine Kunst auch an dem Papagei ausprobieren.

Es gelang ihm nicht, trotz aller Bemühungen. Der Papagei schwieg beharrlich, er nahm zwar Nahrung an, sprach aber keine der Parolen nach, die ihm vorgesprochen wurden. Er saß in seinem Bauer und starrte den Genossen Siebenhaar mit seinen schwarzen, stechenden Augen an. Wie in der Schulungsstunde, dachte Genosse Siebenhaar, sie hören sich alles an und schweigen; nur wenn man ihnen droht, leiern sie die Parolen herunter. Vielleicht würde diese Methode auch beim Papagei anschlagen...

„Sag doch Freundschaft!" sprach Genosse Siebenhaar dem Papagei vor. „Sag doch Freundschaft!" rief, schrie, brüllte er. Der Papagei schwieg. „Du sollst Freundschaft sagen, du Rabenaas!" schäumte Genosse Siebenhaar. „Du sollst Freundschaft sagen, du Mistvogel!" bellte er. „Du sollst Freundschaft sagen, du Ochsenkopf!" schnaubte er. „Wirst du wohl Freundschaft sagen! Freundschaft! Freundschaft! Freundschaft!" röchelte er. Es war vergeblich. Der Vogel gab nur Laute von sich, wenn er fressen wollte. Es ist wie mit den Leuten, dachte Genosse Siebenhaar erbittert, nur wenn sie etwas haben wollen, tun sie vor einem Funktionär den Mund auf.

Dann kam eines Tages Genosse Bohnenmüller zu Besuch. Er war von jedermann gefürchtet, weil er für den Staatssicherheitsdienst spitzelte. Er betrat die Stube und rief mit ebenso markiger wie sächsischer Stimme: „Freundschaft!" Ehe Genosse Siebenhaar den Gruß zu beantworten vermochte, tat der Papagei den Schnabel auf und rief: „Freundschaft, du Rabenaas!"

Genosse Siebenhaar war entsetzt. Um den Papagei zu überschreien rief er ebenfalls „Freundschaft!"

Der Papagei glotzte böse und krächzte: „Freundschaft, du Mistvogel!"

Genosse Siebenhaar versuchte, eine Erklärung anzubringen, aber Genosse Bohnenmüller ließ ihn nicht zu Wort kommen, er lächelte mit dünnen Lippen und sagte: „Ich habe so etwas beinahe erwartet, Genosse Siebenhaar! Du bist uns schon lange verdächtig!"

Genosse Siebenhaar schlotterte. „Ich bin euch..."

„Jawohl!" schmetterte Genosse Bohnenmüller. „Und deshalb haben wir den Papagei auf dich angesetzt. Man kann ja niemandem ins Herz sehen, alle Menschen lügen außerhalb ihrer vier Wände, aber ein Papagei sagt die Wahrheit, er sagt nur wieder, was er hört. Die Sache wird ernste Folgen für Sie haben, Genosse Siebenhaar!" Er drehte sich um, rief „Freundschaft!" und verließ das Zimmer.

„Freundschaft, du Ochsenkopf!" rief der Papagei ihm nach.

ÜBERZEUGUNGSARBEIT

Der Genosse Bauernsekretär ging nicht gern aufs Dorf. Bauern waren seiner Meinung nach von jeher querköpfig, dickschädlig und fortschrittsfeindlich gewesen. Daran hatte sich auch im Arbeiter- und Bauernstaat nicht viel geändert. Im Gegenteil. Seit sie zwangsweise an einem Strang ziehen mußten, waren sie eher noch starrhalsiger geworden. Sie leisteten passiven Widerstand, indem sie bei Versammlungen, in denen sie von ihrem Glück erfuhren, ein Kollektivbauer zu sein, stumm dasaßen und die Reden über sich ergehen ließen wie Leute, die auf offenem Felde von einem Wolkenbruch überrascht werden. Und wenn sie bei Abstimmungen die Hände hoben, konnte man leicht den Eindruck bekommen, sie hätten am liebsten die Hände zu Fäusten geballt. Der Genosse Bauernsekretär wußte recht gut, daß sich hinter den einstimmigen Beschlüssen eine äußerst unerwünschte Solidarität verbarg.

Dennoch wurde der Genosse Bauernsekretär nicht der Versuche müde, die Bauern davon zu überzeugen, daß sie es jetzt, als Mitglieder eines Kollektivs, viel besser hatten als früher, als jeder seinen Kohl für sich baute. Man nannte das in den Parteikreisen Überzeugungsarbeit. Es war in der Tat eine harte Arbeit, diese Überzeugung in die Quadratschädel von mecklenburgischen Bauern hineinhämmern zu wollen. Er hatte dabei stets das Gefühl, als schlüge er auf Nägel, die in weiches, nachgiebiges Material hineingetrieben wurden. Die Nägel saßen so lose, daß sie sofort wieder herausfielen. Hätte der Genosse Bauernsekretär gewußt, wer Sisyphus war, er hätte seine Tätigkeit wahrscheinlich als Sisyphusüberzeugungsarbeit bezeichnet.

Um so erstaunter war daher der Genosse Bauernsekretär, als er im Dorf Bütowshagen eine Versammlung abhielt, daß einer der älteren Bauern während des Referats „Warum wir unseren Kohl gemeinsam anbauen" ein paarmal ausgesprochen zustimmend nickte. Zwar machte ein Bauer noch keinen Kollektivsommer, aber es war immerhin ein Anfang.

Als die Versammlung beendet war, ging der Genosse auf jenen älteren Bauer zu, klopfte ihm jovial auf die Schulter und lud ihn zu einem Bier ein. Dann eröffnete er das Gespräch.

„Ich habe den Eindruck, lieber Freund", sagte der Bauernsekretär, „daß meine Argumente nicht spurlos an Ihnen vorübergegangen sind."

Der Bauer paffte seinen schlechten Tabak vor sich hin. „Welche Argumente?" fragte er.

„Nun, daß ihr Bauern es in unserem Arbeiter- und Bauernstaat besser habt als unter dem kapitalistischen Joch", antwortete er. „So ist es doch?"

Der Bauer nahm die Pfeife aus dem Mund und nickte. „In einer Beziehung schon, Herr Genosse."

Der Bauernsekretär war ein wenig enttäuscht. In einer Beziehung, das war ein bißchen wenig, diese Einschränkung gefiel ihm nicht, aber er hatte ja gelernt, sich mit bescheidenen Erfolgen zu begnügen. Immerhin war in einer Beziehung besser als in keiner Beziehung.

„Nun ja", sagte er nachgiebig. „Ich bin zwar der Meinung, daß ihr Bauern es in jeder Beziehung besser habt als früher, in *jeder*, wenn man von gewissen Kinderkrankheiten absieht... Sie möchten etwas sagen, lieber Freund?"

Der Bauer hatte eine Hand gehoben, wie um sich zu Wort zu melden. „Jawoll", sagte er bedächtig, „die Kinderkrankheiten kenn' ich, zum Beispiel Rachitis und spinale Kinderlähmung."

Der Genosse Bauernsekretär war verblüfft. „Wollen Sie damit ausdrücken, daß die Kinderkrankheiten beim Aufbau des Sozialismus auf dem Land nie verschwinden, daß ihre Folgeerscheinungen..."

„Genau", sagte der Bauer.

Der Genosse Bauernsekretär rang nach Luft. Dieser alte Fuchs, dachte er, der hat eine Dialektik, um die man ihn beneiden könnte. Es schien ihm daher geraten, die Untiefen, auf die dieses Gespräch zusteuerte, zu umgehen. Er blickte den Bauern freundlich an und sagte: „Wollten Sie mir nicht sagen, lieber Freund, weshalb es euch Bauern in unserem Arbeiter- und Bauernstaat besser geht als..."

„Das sollen Sie hören", sagte der Bauer und lächelte unschuldig. „Sehen Sie, Herr Genosse, wenn früher, als das Land noch uns gehörte, ein Gewitter aufzog, dann hieß es 'Nun aber rasch aufs Feld, damit wir das Korn oder das Heu noch trocken in die Scheune bringen', da haben wir wie verrückt gearbeitet und uns keine Pause gegönnt. So war es doch, Herr Genosse?"

Der Genosse Bauernsekretär nickte, obwohl ihm das Lächeln des alten Bauern gar nicht gefiel. Er kannte diese Art zu lächeln nur zu genau. Es war das Lächeln von Leuten, die laut Ja sagen und Nein denken.

„Ja, und wie ist es heute?" fuhr der Bauer fort. „Heute haben wir es viel besser, das muß ich schon sagen. Wenn wir heute, wo das Land allen gehört, auf dem Felde sind und es zieht ein Gewitter herauf, da sagen wir: 'Es wird vielleicht Regen geben, machen wir, daß wir rasch nach Hause kommen, ehe wir naß werden.' Wir haben es wirklich besser."

FREIE WAHL UNTER ORANGEN

Eine volksdemokratische Frau betrat ein volksdemokratisches Lebensmittelgeschäft der HO, ohne bestimmte Einkaufswünsche. Die hatte sie sich längst abgewöhnt. Früher, ja, da war sie in einen Laden gegangen und hatte gesagt „Ich möchte ein Pfund Brüsseler Trauben" oder „Geben Sie mir ein Glas Mixed Pickles", und schon hatte der Verkäufer das Gewünschte aus dem Regal geholt und auf den Ladentisch gestellt. Der Einkauf von Spezialitäten war früher kein Problem gewesen. Das hatte sich jedoch geändert, als die Menschen mit dem Segen der sozialistischen Planwirtschaft geschlagen wurden. Was früher selbstverständlich war, worüber man kein einziges Wort verlor, das wurde nun zu einem unerhörten Glücksfall, zu einem erregenden Abenteuer. Eine volksdemokratische Hausfrau, die einen staatlich verorganisierten Laden betritt, sagt nämlich nicht „Ich möchte ...", sondern sie fragt „Haben Sie heute zufällig ...?"

Jene Hausfrau hatte also keinen bestimmten Wunsch, sondern ließ ihren Blick über die Auslagen schweifen, um zu sehen, ob der planwirtschaftliche Zufall irgendeine Ware in die Vitrinen oder Regale geweht hatte, die üblicherweise nicht zu haben war und deshalb zu den sogenannten Engpässen gehörte. Es gibt viele solche Engpässe in volksdemokratischen Läden...

An jenem Tage entdeckte nun die Hausfrau, daß es Orangen gab. Orangen! Sie lagen sogar offen aus! Meist wurden Engpaßwaren ja unter dem Ladentisch und nur an gute Bekannte verkauft, hier aber wurde aus ihrem Vorhandensein kein Geheimnis gemacht, was den Schluß zuließ, daß sie einigermaßen reichlich vorhanden waren. Und der Umstand, daß sich noch keine Schlange gebildet hatte, sprach dafür, daß die Orangen gerade erst angeliefert worden waren.

Die Augen der Hausfrau leuchteten auf. Welch seltenes

Glück! Es gab Orangen, und sie konnte frei unter ihnen wählen. Wann hat denn auch ein volksdemokratischer Mensch schon die Gelegenheit zu einer freien Wahl? Die Hausfrau blickte geradezu wollüstig auf den Stapel Orangen, liebkoste sie mit den Augen und fragte alsdann: „Kann ich zehn Orangen haben?"

„Bedauere, Bürgerin", antwortete der Verkäufer. „Pro Person werden drei Stück verkauft, nicht mehr."

„Gut, dann möchte ich drei Stück haben", verlangte die Hausfrau.

Der Verkäufer trat an den Stapel Orangen und griff zu.

„Halt, nicht so schnell!" rief die Hausfrau und fiel dem Verkäufer in den Arm. „Ich möchte mir die drei Orangen selber aussuchen." Das war ein verständlicher Wunsch; der Einkauf von seltenen Waren muß ja mit Sorgfalt und nach eingehender Prüfung vorgenommen werden.

„Das gibt es nicht, Bürgerin!" entgegnete der Verkäufer. „Sie müssen sie nehmen, wie sie eben kommen."

„Ich möchte sie aber selber aussuchen", beharrte die Hausfrau.

Der Verkäufer nahm drei Orangen und hielt sie der Hausfrau hin. „Hier, nehmen Sie, Bürgerin!"

„Nein", weigerte sich die Hausfrau und blickte den Verkäufer erbittert an. „Hat man denn nicht einmal unter Orangen freie Wahl?"

Der Verkäufer zuckte zusammen, als sei der Genosse Generalsekretär geschmäht worden. „Was reden Sie da, Bürgerin?" brauste er auf. „Sagen Sie das noch einmal!"

Die Hausfrau war in Fahrt geraten. „Ich habe gefragt", rief sie, „ob man nicht einmal unter Orangen eine freie Wahl hat! Haben Sie jetzt verstanden?"

„Beruhigen Sie sich doch, Bürgerin", bat der Verkäufer und blickte sich ängstlich um. „Wenn Sie jemand hört..."

Die Warnung kam zu spät. Es hatte bereits jemand mitgehört. Dieser Jemand war der Genosse Objektleiter. Er trat aus dem Lager in den Verkaufsraum und fragte scharf: „Wer redet hier von freien Wahlen, die wir nicht haben?"

Der Verkäufer wies mit zitternder Hand auf die Hausfrau. „Diese Bürgerin ... sie hat ..." begann er zu stottern, „aber ii... ich ... ich habe energisch ... sehr energisch sogar ..."

„Brechen Sie sich nicht die Zunge", sagte die Hausfrau verächtlich und wandte sich an den Genossen Objektleiter. „Ich habe, ganz bescheiden und ohne jeden politischen Hintergedanken, gefragt, ob wir nicht wenigstens unter Orangen frei wählen dürfen, das ist alles."

Der Genosse Objektleiter blickte die Hausfrau durchdringend an. „Erstens, Bürgerin, gibt es bei uns nichts, das unpolitisch ist, und zweitens ist das Wort wenigstens objektiv eine Provokation. Wenigstens unter Orangen freie Wahl, damit wollen Sie doch wohl ausdrücken, daß wir in unserem Staat sonst keine freien Wahlen haben, nicht wahr?"

Genau das hatte die Hausfrau auch gedacht, aber sie gab es natürlich nicht zu, sondern beteuerte betroffen: „Bewahre, Genosse, wie käme ich zu solchen Gedanken! Unsere Wahlen sind ja wirklich frei, wir haben doch die Freiheit, die Einheitsliste zu wählen."

Der Genosse Objektleiter musterte die Hausfrau mit bohrenden Blicken. „Ausnahmsweise will ich Ihnen glauben", sagte er und wandte sich dann an den Verkäufer: „Geben Sie der Bürgerin drei Orangen!" Hierauf ging er ins Lager zurück.

Der Verkäufer nahm drei Orangen vom Stapel, hielt sie der Hausfrau hin, lächelte verschmitzt und flüsterte: „Bitte, Bürgerin, treffen Sie Ihre freie Wahl!"

Die Hausfrau nahm die drei Orangen, steckte sie in ihre Einkaufstasche und flüsterte zurück: „Ich habe meine freie Wahl getroffen." Aber sie lächelte nicht.

FREIWILLIG GEMELDET

Der Offizier ließ den Blick über die Reihe der angetretenen Rekruten gehen, er schien jeden einzelnen scharf zu mustern, dann erhob er seine Stimme.

„Ich begrüße euch, junge Soldaten, im Namen unserer Volksrepublik", schnarrte er. „Ihr habt euch freiwillig gemeldet, um gegen unsere Feinde zu kämpfen. Um in diesem Kampf siegreich zu sein, braucht ihr eine gründliche Ausbildung. Sie wird schwer und hart sein, aber am Ende wird der Sieg der Freiheit stehen."

Der Offizier machte vor einem Rekruten halt und tippte ihm mit dem Zeigefinger vor die Brust. „Wie heißt du?"

„Feng, Genosse Offizier", antwortete der Rekrut.

„Du hast gehört, was ich eben gesagt habe, Rekrut Feng", fuhr der Offizier fort. „Weißt du, wer unser Feind ist?"

Der junge Rekrut zögerte mit der Antwort.

„Dann will ich anders fragen", sagte der Offizier. „Weshalb hast du dich freiwillig gemeldet, Rekrut Feng?"

„Weil ... ich ... habe nicht ..." stotterte der Rekrut.

„Nun, was hast du nicht?" ermunterte ihn der Offizier.

„Der Genosse Leiter unserer Volkskommune hat mich freiwillig gemeldet", antwortete der Rekrut nun.

„Das ist eine schlechte Antwort, Rekrut Feng!" tadelte der Offizier. „Selbstverständlich hat dich der Genosse Leiter eurer Volkskommune gemeldet, aber nur weil du es innerlich wünschtest, aber dich für unwürdig hieltest, in den Reihen unserer ruhmreichen Volksarmee für die Freiheit zu kämpfen. Ist es so?"

Der junge Rekrut verhielt für eine Sekunde den Atem, dann antwortete er: „Jawohl, Genosse Offizier!"

„Und ihr anderen, Söhne unseres Volkes", fuhr der Offizier mit erhobener Stimme fort, „ihr seid dem Beispiel eures Bruders Feng gefolgt. Ist es so?"

„Jawohl, Genosse Offizier!" riefen die Rekruten.

„Gut", sagte der Offizier und wies mit dem Zeigestock auf eine große Landkarte. „Seht, dort leben unsere Brudervölker, sie sind durch eine gedachte Linie, auch Breitengrad genannt, von ihren Brüdern und Schwestern getrennt und zwar durch die alleinige Schuld der Imperialisten. Diesen unglücklichen Völkern müssen wir zu Hilfe kommen, um ihnen die Freiheit zu bringen."

Der Offizier war weitergegangen und deutete nun auf einen anderen Rekruten. „Wie heißt du?"

„Kung, Genosse Offizier", antwortete der Rekrut.

„Hör zu, Rekrut Kung", sagte der Offizier. „Weshalb ist es deine heilige Pflicht, diesen unterdrückten Brudervölkern zu helfen?"

„Weil es ihnen nicht besser gehen soll als uns", antwortete Rekrut Kung.

Der Offizier blickte ihn streng an. „Du hast dich falsch ausgedrückt, Rekrut Kung. Weil es ihnen so gut gehen soll wie den Menschen in unserer Volksrepublik. Ist es so?"

„Jawohl, Genosse Offizier!" rief Rekrut Kung gehorsam.

„Seht her, Rekruten", sagte der Offizier und deutete mit dem Zeigestock auf einige Stellen der Landkarte. „Wie heißen diese Länder, in denen es keine Freiheit gibt?"

Die Rekruten blickten ratlos auf die Karte und schwiegen.

Der Offizier runzelte die Stirn. „Ich will es euch sagen, Rekruten. Diese unfreien Länder heißen Südkorea, Thailand, Indien, Malaysia, Nepal. In diesen Ländern gibt es keine Freiheit. Und deshalb werdet ihr, die Freiwilligen unserer ruhmreichen Revolution, dafür kämpfen, daß sie endlich der Freiheit teilhaftig werden. Abtreten!"

Als der Offizier sich entfernt hatte, trat der Rekrut Feng zum Rekruten Kung und fragte flüsternd: „Kennst du die Länder, von denen der Genosse Offizier eben geredet hat?"

„Nein", entgegnete Rekrut Kung leise, „ich habe noch nie von ihnen gehört."

„Ich auch nicht", sagte Rekrut Feng. „Wir wissen ja nicht einmal, ob die Leute in diesen Ländern, die da auf der Karte gedruckt sind, möchten, daß wir ihnen die ... Wie sagte der Genosse Offizier? Ja, richtig, daß wir ihnen die Freiheit bringen. Hast du eine Ahnung, was das ist, Freiheit?"

„Nein", antwortete Rekrut Kung. „Ich weiß nicht, was Freiheit ist."

Rekrut Feng sah bekümmert drein.

,,Wir bringen Völkern, die wir nicht kennen, etwas, von dem wir nicht wissen, was es ist. Stimmt es?"

,,Es stimmt", antwortete Rekrut Kung. ,,Und dafür haben sie uns freiwillig gemeldet!"

DIE FEINDLICHE ÄUSSERUNG

„Wir haben dir eine besondere Aufgabe zugedacht", sagte der Genosse Direktor.
„Du sollst nämlich ..." begann der Betriebsparteisekretär.
Genosse Kubalke nickte, bevor ihm überhaupt mitgeteilt wurde, worin die besondere Aufgabe bestand. Genosse Kubalke nickte nämlich immer, auch wenn man ihm eine Sonderaufgabe ankündigte, die erfahrungsgemäß stets unangenehm war.
„Heute nachmittag spricht unser stellvertretender Ministerpräsident in einer Belegschaftsversammlung", fuhr der Direktor fort.
„Aha!" sagte Kubalke.
„Weshalb sagst du 'Aha'?" fragte der Betriebsparteisekretär in strengem Ton. „Wie kannst du einfach 'Aha', sogar mit einem Ausrufungszeichen, sagen, wenn von unserem stellvertretenden Ministerpräsidenten die Rede ist! Verbindest du etwa mit der Nennung seines Namens antidemokratische Gefühle?"
„Aber nein!" rief Genosse Kubalke erschrocken. „Ich meinte nur ..."
„Was meintest du?" fragte der Betriebsparteisekretär scharf. „Drück dich konkret aus!"
Genosse Kubalke blickte verschüchtert auf den Direktor, aber der stand mit unbewegtem Gesicht da. „Ich meinte... ich meinte", stammelte Kubalke schließlich, „ich sollte ... na vielleicht auf feindliche Äußerungen achten oder so ..."
„Interessant!" sagte der Betriebsparteisekretär. „Sehr interessant! Du rechnest also von vornherein damit, daß das Erscheinen des Genossen stellvertretenden Ministerpräsidenten feindliche Äußerungen hervorruft! Das ist ... das ist ... Also du wirst in einer Parteiversammlung selbstkritisch zu deinem 'Aha' Stellung nehmen, Genosse Kubalke."

„Er hat es sicher nicht so gemeint", sagte der Direktor.

„Was ein Genosse sagt, das meint er auch", fuhr ihn der Parteisekretär an. „Und wenn einer sogleich 'Aha' sagt ..."

„Das ist doch nur eine Redensart", sagte der Direktor versöhnlich.

„Auch Redensarten haben einen politischen Gehalt", entgegnete der Betriebsparteisekretär. „Wir werden uns noch eingehend über dein 'Aha' unterhalten, Genosse Kubalke, wir sind entschlossen, auch die geringste Spur von parteifeindlichem Verhalten auszutreten, verstehst du?"

Kubalke nickte ergeben. „Ja", antwortete er. „Aber willst du mir nicht sagen, worin meine Sonderaufgabe..."

„Ja", sagte der Direktor schnell. „Du sollst uns nämlich berichten, wie sich die Kollegen und Genossen deiner Abteilung verhalten, wenn das Erscheinen unseres stellvertretenden Ministerpräsidenten bekanntgegeben wird."

„Ja", sagte der Betriebsparteisekretär. „Du sollst uns jede Äußerung hinterbringen, genau im Wortlaut. Es ist wichtig für uns, zu erfahren ..."

„Will ich gern tun", sagte Kubalke eifrig. „Ich unterstütze die Partei, wo und wie ich nur kann." Dann wurde er jedoch nachdenklich und fügte hinzu: „Allerdings ..."

„Was allerdings?" fragte der Parteisekretär drohend.

„Allerdings", antwortete Kubalke eingeschüchtert, „ich weiß nicht, ob ich euch da viel berichten kann. Die Leute in meiner Abteilung, auch die Genossen, sie sind sehr schweigsam ..."

„Das scheint mir überhaupt ein sehr schweigsamer Betrieb zu sein!" sagte der Betriebsparteisekretär wütend. „Wenn die Leute nicht ab und zu über Fußball redeten, könnte man meinen, sie seien alle taubstumm. Du mußt sie eben zum Reden bringen, Genosse Kubalke!"

„Ich werde es versuchen", sagte Kubalke.

„Notiere jedes Wort, je-des Wort!" sagte der Betriebsparteisekretär nachdrücklich.

Genosse Kubalke ging und kam nach zwei Stunden wieder.

„Nun, haben die Leute geredet?" fragte der Betriebsparteisekretär.

„Jawohl", antwortete Genosse Kubalke stolz. „Ich habe sie zum Reden gebracht."

„Sehr gut!" lobte der Parteisekretär. „Und was haben sie gesagt?"

„Aha!" antwortete Genosse Kubalke.

VERDIENTER EBER DES VOLKES

Man sollte es nicht für möglich halten, aber auch Schweine sind in der Lage, Ehrgeiz und Initative zu entfalten. Wer jedoch meint, hier sei von tierpsychologischen Erkenntnissen des Konrad Lorenz die Rede, der befindet sich im Irrtum. Der Ehrgeiz, über den hier gesprochen werden soll, hat nichts mit Verhaltensforschung zu tun, er ist vielmehr ein Politikum. Wie sich herausgestellt hat, entwickeln Schweine – zumindest ein ganz bestimmtes Schwein – neuerdings politischen, ökonomischen, planwirtschaftlichen Ehrgeiz. Wenn das Wort Planwirtschaft fällt, weiß jedermann sofort, daß es sich hier nur um ein Schwein handeln kann, das an einem Trog im Stall des real-existierenden Sozialismus sein Freß-Soll erfüllt. Und so ist es in der Tat. Jenes ehrgeizige Schwein lebt in Langenbach, im Bezirk Zwickau, DDR und heißt Erlander.

Der Eber Erlander gehört zur „Landwirtschaftlichen Produktionsgenossenschaft Grüne Aue" zu Langenbach, aber er lebt dort nicht wie andere Schweine, indem er nur frißt, Dung für die volkseigenen Äcker produziert und gelegentlich die Säue deckt, die ihm planmäßig zugeführt werden – nein, der Eber Erlander lebt in seinem Schweinestall nicht stumpf und dumpf dahin. Er ist ein sozialistisch bewußter Eber und macht sich Gedanken, wie er der daniederliegenden ostdeutschen Landwirtschaft aufhelfen und damit zum Siege des realen Sozialismus beitragen kann. Da er ein kräftiger Eber ist und weiß, daß in der Planwirtschaft keine Kraft ungenützt bleiben darf, beschloß er, ein leuchtendes Beispiel zu geben und über das ihm auferlegte Soll hinaus zehn Säue zusätzlich zu decken.

Wer hier etwa den Einwand erhebt, unser kommunistischer Eber habe sich dieser Aufgabe weniger aus politischem Antrieb gestellt, sondern eher aus polygamen Motiven gehandelt, der irrt gewaltig. Es ist unter Schweinen nicht anders als unter Menschen. Ein erfolgreicher Ladykiller hat es gar nicht gern, wenn andere auf dem gleichen Sektor ebenfalls Erfolge erzielen. Der Eber Erlander hingegen, von echtem sozialistischem Geist erfüllt, hat jene zehn Säue nicht gedeckt, um sich zusätzlich Lust zu verschaffen, sondern um beispielhaft voranzugehen. Er dachte weit über seinen Schweinehorizont hinaus und forderte die Eber in den anderen landwirtschaftlichen Genossenschaften auf, ihm nachzueifern. Und so kam es zu diesem Aufruf in der Zwickauer „Freien Presse":

„Erlander K 381, der zweijährige Eber
aus der LPG 'Grüne Aue', Langenbach,
ist bereit, 10 Säue aus Mastbeständen
zusätzlich zu decken. Welcher Eber
macht ihm das nach?"

Noch ist nicht bekannt geworden, wie die anderen volkseigenen Eber auf diesen Aufruf reagiert haben, doch ist anzunehmen, daß sie ihm begeistert nacheifern werden, zumal eine Weigerung schwerwiegende Folgen haben könnte — die volkseigenen Metzger würden in Tätigkeit treten. In einem totalitär regierten Staat kann sich niemand ungestraft einer Massenbewegung entziehen, ohne sich verdächtig zu machen. Kein vernünftiger Eber wird also mit seinen Kräften zurückhalten, sondern sich zu vermehrter Vermehrungstätigkeit bereitfinden müssen. Es steht auch zu vermuten, daß die überplanmäßigen Säue, nämlich jene aus Mastviehbeständen, nicht weniger staatsbewußt sind und dem Arbeiter- und Bauernstaat zusätzlich Ferkel zu bescheren wünschen.

Was alle politischen Maßnahmen der Parteiführung nicht erreicht haben, nämlich die Steigerung der landwirtschaftlichen Erträge, das wird der Eber Erlander von der LPG „Grüne Aue" in Langenbach durch seinen Aufruf bewirken. Zweifellos sind die Aussichten der Eber-Erlander-Bewegung nicht schlecht, die Parole „Deckt zusätzlich Säue aus Mastbeständen" wird so lange in alle Ställe hineingegrunzt werden, bis auch der dümmste Eber sie begriffen hat. Erlander aber wird, woran kaum ein Zweifel besteht, den Titel „Verdienter Eber des Volkes" verliehen erhalten.

Das Beispiel von Eber Erlander wird jedoch kaum auf die Schweineställe begrenzt bleiben. Was den Ebern recht ist, dürfte den Stieren, Hengsten, Schaf- und Ziegenböcken, Rammlern und Hähnen billig sein, zum endgültigen Sieg des Sozialismus.

MÜLLERS OSTPOLITIK

Am 17. Juni 1953 saß Herr Müller in der Firma Müller & Sohn GmbH gemütlich beim Mittagessen, ließ sich sein Kotelett mit neuen Kartoffeln, Spargeln, jungen Schoten und zarten Möhrchen schmecken und war sehr zufrieden. Wenn man gute Geschäfte gemacht hat und weitere gute Geschäfte in Aussicht stehen, wird einem auch das schwerste Mittagessen leicht. Der Magen des Herrn Müller machte sich nur dann störend bemerkbar, wenn die Geschäfte schlecht gingen. Denn schlechte Geschäfte üben eben einen gesundheitsschädigenden Einfluß auf Pepsin, Kathepsin und Lipase aus. Deshalb soll man schlechte Geschäfte vermeiden.

An jenem 17. Juni 1953 nun, als Herr Müller sein Kotelett nebst Beilage mit Behagen verzehrte, kam Müller junior, Student der Nationalökonomie, auf den Einfall, den Radioapparat anzustellen.

„Was soll das?" fragte Herr Müller unwillig. Er liebte es gar nicht, während der Mahlzeiten mit irgendwelchen Hiobsbotschaften bekanntgemacht zu werden. Hiobsbotschaften sind dem Geschmack von Speisen abträglich, zudem sind Mittagsnachrichten im allgemeinen uninteressant. Börsennachrichten gibt es ja erst ab 14 Uhr.

Dann aber verflog Herrn Müllers Unwille, er ließ Messer und Gabel sinken und hörte gespannt zu.

„Volksaufstand gegen Ulbricht und Grotewohl!" rief der Junior. „Das ist gut, das mußte ja mal kommen."

„Du urteilst ein wenig voreilig, mein Sohn", verwies ihn Herr Müller. „Laß uns doch erst einmal alle möglichen Konsequenzen überdenken, ehe wir sagen, ob es gut ist. Angenommen, der Aufstand gelingt, die volkseigenen Betriebe werden wieder privatisiert. Was wird dann aus meinen langfristigen Lieferverträgen? Werden sie von der neuen Betriebsleitung anerkannt oder annulliert?"

„Verträge sind Verträge", sagte der Junior abfällig.

„Du denkst noch ganz akademisch", sagte Herr Müller. „Verträge haben nur dann einen Wert, wenn man auch die Macht hat, ihre Einhaltung durchzusetzen. Haben wir diese Macht? Wir haben sie nicht, wir sind auf den guten Willen der Leute drüben angewiesen. Haben sie diesen guten Willen? Sie haben ihn, weil sie meine Ware dringend benötigen. Also habe ich vom geschäftlichen Standpunkt aus kein Interesse daran, daß sich drüben etwas ändert. Man muß realistisch denken, mein Sohn."

Der Junior gab seinem Vater jedoch zu bedenken: „Wenn drüben aber wieder die freie Wirtschaft eingeführt wird, dann wachsen doch auch deine geschäftlichen Möglichkeiten, nicht wahr?"

„Das ist gar nicht klar", entgegnete Herr Müller. „Erstens wächst dann auch die Zahl der Konkurrenten, zweitens könnte unsere Konkurrenz drüben Zweigbetriebe einrichten, und drittens könnten sie es uns übelnehmen, daß wir mit den volkseigenen Managern Geschäfte gemacht haben."

Der Junior empörte sich. „Demnach wünschst du nicht, daß der Aufstand Erfolg hat?"

Herr Müller belächelte den Eifer seines Sohnes. „Als Mensch, als Deutscher gewiß, als Geschäftsmann jedoch... Du wirst noch dahinterkommen, daß Geschäft und politische Überzeugung zwei Dinge sind, die man nicht durcheinanderbringen darf. Du kannst ein Kälbchen reizend finden und dir dennoch sein Fleisch schmecken lassen. So ist es doch?"

„Der Vergleich hinkt", widersprach der Junior. „Angenommen, der Aufstand wird niedergeschlagen, durch Ulbricht und seine Russen, wünschst du dann mit der Zone weiterhin Geschäfte zu machen?"

„Selbstverständlich!" erwiderte Herr Müller. „Erstens bin ich an meine Verträge gebunden (und ich habe meine Investitionen darauf abgestellt), zweitens helfen wir den Menschen in der Zone nicht dadurch, daß wir sie bedauern und zum Umsturz ermuntern, sondern vielmehr durch unsere Vertragstreue — sie sehen dann, daß wir zu ihnen stehen, mag kommen, was will. Ich habe nur eine Sorge, nämlich daß unsere Regierung sich einmischt. Wir müssen strikt neutral bleiben, der Aufstand ist eine innere Angelegenheit. Unsere Regierung darf nichts tun, was irgendwie..."

*

Am 13. August 1961 saßen die Familien Müller senior und

Müller junior beim Mittagessen in einem Grandhotel. Es gab so ziemlich das Beste, was in einem Wirtschaftswunderland aufgetischt werden konnte. Im Hintergrund spielte eine Kapelle leichte Weisen, um das Pepsin, das Kathepsin, die Lipase der werten Gäste anzuregen.

Plötzlich hob der Geschäftsführer, ein Herr mit dem allseits bewunderten und beneideten Aussehen eines echten Gentleman, die Hände, der Stehgeiger hielt mitten in einem entzückenden Pizzicato inne, die anderen Musiker, den Pianisten natürlich ausgenommen, ließen ihre Instrumente sinken, und in diese Stille hinein sprach der Geschäftsführer die Worte: „Ich bitte sehr um Entschuldigung, meine Herrschaften, aber ich fühle mich verpflichtet, die Nachrichten anzustellen. Sie sind außerordentlich wichtig für alle."

Wichtige, bedeutende Nachrichten sind, in unserer Zeit, allemal auch Hiobsbotschaften, deshalb blickten die Gäste den Geschäftsführer zürnend an. Hiobsbotschaften, das drückten ihre Mienen aus, verschiebt man auf später, man reicht sie frühestens nach dem Mokka.

An diesem Sonntag, den 13. August 1961, wurde die Mauer zwischen Westberlin und Ostberlin errichtet.

Müller junior, nunmehr Partner seines Vaters, dennoch gewisser nationaler Sentiments nicht ganz entwöhnt, war ehrlich empört. „Das muß Konsequenzen haben!" rief er aus. „Die Alliierten und die Bundesregierung..."

„Du bist zu spontan!" fiel Herr Müller ihm ins Wort. „Das sagt sich so leicht: Konsequenzen. Sollen die Konsequenzen etwa darin bestehen, daß wir die Tür zur Wiedervereinigung endgültig zuschlagen? Oder gar das Interzonenhandelsabkommen kündigen?"

Müller junior war betroffen. „Du denkst doch nicht etwa daran, Papa, weiterhin mit diesen Leuten..."

„Allerdings denke ich daran", entgegnete der Senior. „Erstens: Verträge sind Verträge. Zweitens: weil der Interzonenhandel noch das einzige Bindeglied zwischen uns und der Zone ist. Drittens: weil diese Leute, wie du dich auszudrücken beliebst, nun einmal eine Regierung sind. Wir können für die Zone am besten was tun, wenn wir unsere Verträge getreu erfüllen, daran erkennen sie, daß wir sie noch nicht abgeschrieben haben. Selbstverständlich frage ich mich auch, wie sich diese Mauer auf den Handel auswirken wird, ob die sich wirklich hermetisch abriegeln wollen. Das wäre natürlich ziemlich schlimm..."

„Weil du dich ganz auf Osthandel eingestellt hast", sagte der Junior. „Du beurteilst die politische Lage nur danach, ob sie deinen Geschäften günstig ist oder nicht..."

„Das ist mein gutes Recht!" verteidigte sich Herr Müller. „Ich bejahe zwar unsere Außenpolitik als Deutscher, aber ich muß auch an meine Firma denken. Geschäfte und politische Überzeugung stimmen nun mal nicht immer überein. Du kannst ein Kälbchen entzückend finden..."

„Diesen Vers kenne ich", warf der Junior ein. „Ich sehe schon, du bist entschlossen, trotz Mauer und Stacheldraht... Ja, siehst du denn nicht ein, daß du nicht den Menschen drüben hilfst, sondern nur Ulbricht und Konsorten, wenn du..."

„Es ist nicht meine Schuld, daß sie drüben den Handel verstaatlicht haben", entgegnete Herr Müller. „Ich habe nur eine Sorge, nämlich daß unsere Regierung sich irgendwie einmischt..."

*

Das dritte Gespräch fand ein Jahr später statt, als Herr Müller sich wieder einmal mit den Vorbereitungen zur Leipziger Messe beschäftigte.

„Sie müssen sich diesmal die Messeausweise selber besorgen", sagte der Sekretär der Handelskammer. „Die Handelskammern haben wegen der Berliner Mauer beschlossen, Firmen, die in Leipzig ausstellen wollen, ihre Unterstützung zu entziehen."

„Das ist unerhört!" brauste Herr Müller auf. „Was ist denn das für eine Demokratie..."

„Man kann leider auch mit der Demokratie Mißbrauch treiben", antwortete der Sekretär. „Wir lehnen es jedenfalls ab, Ihnen behilflich zu sein..."

„Ich werde mich an die Regierung wenden!" schrie Herr Müller. „Das ist Willkür! Das ist gegen das Grundgesetz!"

„Auch der Bundesverband der deutschen Industrie hat seinen Mitgliedern empfohlen, nicht in Leipzig auszustellen, solange die Mauer besteht", erklärte der Sekretär sachlich.

„Der Bundesverband kann mich sonstwas!" schrie Herr Müller. „Ich werde jedenfalls in Leipzig ausstellen und das Band zu unseren Brüdern und Schwestern in der Zone... Es ist höchste Zeit, daß unsere Regierung etwas unternimmt, sie darf nicht länger diese Nichteinmischungspolitik betreiben... Ich werde selber nach Bonn fahren..."

*

Wiederum einige Jahre später gab es ein Gespräch zwischen

Müller senior und Müller junior. Es wurden die letzten Vorbereitungen für die alljährliche Reise nach Leipzig getroffen.

„Hat es mit den Messeausweisen geklappt?" fragte Müller senior.

„Selbstverständlich!" antwortete Müller junior. „Es gab überhaupt keine Schwierigkeiten. Eigentlich sonderbar..."

„Weshalb sonderbar?" ereiferte sich Müller senior. „Es hat sich alles eben eingespielt. Die da drüben sind nicht mehr so pingelig, und unsere haben keine Berührungsängste mehr. Schließlich geht es für die wie für uns ums Geschäft. Und so ganz nebenbei nützen wir den Leuten drüben."

„Früher hast du von den Brüdern und Schwestern da drüben gesprochen", wandte der Junior ein.

„Hab' ich das?" entgegnete Müller senior. „Na ja — und das mußt du dir endlich merken —, ein Geschäftsmann muß seine Terminologie den jeweiligen Verhältnissen anpassen."

„Und die Verhältnisse sind eben nicht so, wie sie sein sollten", stimmte Müller junior zu. „Daran wird sich wohl auch nichts ändern."

„Hoffentlich!" rief Müller senior aus. „Ein Geschäftsmann... Aber das hatten wir ja schon."

*

Die Firma Müller und Sohn GmbH produziert übrigens Eisenwaren, unter anderem auch Stacheldraht.

LIBERALISIERUNG

Die volksdemokratischen Genossen saßen beisammen und berieten. Ihre Gesichter waren ernst, sie hatten die Köpfe tief zwischen die Schultern gezogen, als duckten sie sich vor einer Gefahr, die auf sie zukam und der sie nicht ausweichen konnten. Und in der Tat: über ihren Köpfen hing das Damoklesschwert der Liberalisierung. Kein Wort ist unter echten volksdemokratischen Genossen mehr gefürchtet als dieses. Denn die volksdemokratische Freiheit, die sie, die wahren Genossen, meinen, hat nichts mit Liberalität zu tun. Im Gegenteil, sie muß dialektisch verstanden werden, als Unfreiheit, die erst richtig frei macht.

Nun aber war im Lande des großen Bruders von Liberalisierung nicht nur die Rede, es wurden auch tatsächlich einige kleine Freiheiten eingeführt. Die volksdemokratischen Genossen fanden das höchst bedenklich, aber sie konnten sich dem Zug der Zeit nicht entziehen und den Wink des großen Bruders nicht einfach übersehen.

Wehmutsvoll dachten die Genossen, die sich in der Parteiburg versammelt hatten, an jene Ära, in der das Wort des großen, weisen, leider nun seit geraumer Zeit verblichenen und nachträglich auch noch aus seinem Mausoleum exmittierten Giganten des Proletariats gültig gewesen war. Was Stalin sagte und tat, stand wie ein Fels im Meer. Kein Genosse war genötigt, selber zu denken, selbständig zu handeln, Initiative zu entfalten. Man brauchte nur auf das Wort des unfehlbaren Kremlbosses zu hören und war aller Sorgen enthoben. Nun aber schien der Grund, auf den man so fest gebaut hatte, zu wanken. Das Wort Liberalisierung war das Menetekel. Es gab aber niemanden, der zu sagen vermochte, wohin eine Liberalisierung, wenn man sie erst einmal begann, führen würde. Sogar in der Partei gab es plötzlich Diskussionen. Früher war eine Diskussion eine sehr einfache Sache gewesen. Jeder sagte vorbehaltlos „Ja". Zwar durfte auch jetzt nicht an der Unfehlbarkeit der Parteiführung offen gerüttelt werden, aber immer öfter hörte man nicht ein deutliches „Ja", sondern „Jaaa" oder gar „Ja, aber..."

Der Genosse Vorsitzende ließ den Blick über die besorgten Mienen der anderen Genossen schweifen, dann sagte er: „Ich fühle mit euch, werte Genossen, und ich wünschte, unser geliebter Führer wäre nie dahingegangen. Aber leider..." Er hob die Schultern und ließ sie resigniert wieder fallen. „Auch wir werden wohl liberalisieren müssen. Oder aber..."

Die Genossen atmeten schwer. Sie dachten an das Schicksal der ergebensten Kämpen unter ihnen. Nie hätten sie es auch nur im entferntesten für möglich gehalten, daß die Treue zu ihrem großen, weisen Lehrer so übel belohnt werden würde...

„Ich bitte um Vorschläge zur Liberalisierung", sagte der Genosse Vorsitzende.

„Vielleicht sollten wir die Normen herabsetzen, um nullkommafünf Prozent", schlug der Gewerkschaftsboß vor.

„Oder die Ablieferungspflicht einschränken", sagte der Landwirtschaftsboß. „Vielleicht den Bauern zusätzlich die Verfügungsgewalt über selbstgezogene Radieschen einräumen."

„Oder den Künstlern erlauben, eigene Gedanken zu haben, selbstverständlich im Rahmen des Parteistatuts", gab der Kulturboß zu bedenken.

„In Frage käme auch, den Frauen BHs mit westlichem Schnitt zu gestatten", erhob die Frauenbossin ihre Stimme.

Der Genosse Vorsitzende hörte die Vorschläge mit leidender Miene an und wiegte skeptisch den Kopf. „Alles schön und gut", sagte er schließlich mit schwerer Zunge. „Und im Grunde vielleicht ungefährlich. Im Grunde, sage ich. Das Dilemma ist nämlich, daß das Volk unersättlich ist. Wenn wir ihm erst einmal den kleinen Finger gereicht haben..."

Die Genossen nickten zustimmend.

„Mit den BHs fängt es an, und es hört nicht einmal auf mit Einkaufsreisen in den Westen", sagte die Frauenbossin.

„So ist es", pflichtete ihr der Landwirtschaftsboß bei. „Mit der Freigabe von Radieschen fängt es an, und das Ende ist die Auflösung der Kolchosen."

„Mit eigenen Gedanken fängt es an..." fiel der Kulturboß ein.

„Genug!" rief der Genosse Vorsitzende. „Ihr seht, Genossen, welch schwieriges Problem die Liberalisierung ist. Es heißt, die Revolution frißt ihre eigenen Kinder. Aber wen frißt die Liberalisierung? Die Liberalisierung frißt die Revolution — wenn wir nicht ganz scharf aufpassen. Ich erteile euch hiermit den Auftrag, für eure Ressorts Liberalisierungspläne auszuarbeiten, mit aller gebotenen Vorsicht und Zurückhaltung. Und ich kann euch da ein gutes Rezept mit auf den Weg geben..."

Die Genossen blickten erwartungsvoll und gespannt auf den Redner.

„Das Rezept ist ganz einfach", fuhr der Genosse Vorsitzende fort. „Laßt euch Zeit. Vielleicht liberalisiert Moskau auch die Beziehungen zu uns. Und dann, ja dann müßten wir gar nicht mehr..."

DER WESTFLÜCHTLING

Der Funktionär wies mit weit ausholender Handbewegung auf den Mann, der zu seiner Rechten saß.

„Genossen!" sagte er feierlich. „Dieser Mann, sein Name ist Karl-Heinz Rabe, ist aus der westdeutschen Bundesrepublik zu uns geflüchtet. Er war Lehrer im finstersten Westfalen, in einer Stadt, in der die Revanchisten, Militaristen und Sozialfaschisten unumschränkt herrschen und in der jede freiheitliche Regung brutal unterdrückt wird. Habe ich mich zutreffend ausgedrückt, Herr Rabe?"

„Jawohl", antwortete der Westflüchtling und nickte.

„Genossen", fuhr der Funktionär fort, „ihr wißt es, jeder Mensch, besonders aber ein Lehrer muß seinem Gewissen gehorchen, er kann, er darf die Kinder nur lehren, was sein Gewissen ihm vorschreibt. Aber Herr Rabe durfte das nicht, kein Lehrer in der westdeutschen Bundesrepublik darf das. Wird in der westdeutschen Bundesrepublik ein Gewissenszwang auf die Lehrer ausgeübt, Herr Rabe?"

„Jawohl", antwortete der Westflüchtling und nickte.

„Da hört ihr es, Genossen", sagte der Funktionär befriedigt. „Ihr könnt euch gar nicht vorstellen, wie die fortschrittlich gesinnten Lehrer geknebelt werden. Wer auch nur mit einem Wort von den vorgeschriebenen Lehrplänen abweicht, wer auch nur versucht, die Ideologie des westdeutschen Klassenstaates anzutasten, auf den wird ein ideologischer Druck ohnegleichen ausgeübt. Nicht wahr, Herr Rabe?"

„Jawohl", sagte der Westflüchtling und nickte.

„Seht ihr, Genossen!" rief der Funktionär triumphierend aus. „Wir haben es ja immer gewußt, aber es ist gut, das einmal aus befugtem Munde zu hören. Sie hatten auch noch andere Gründe, den westdeutschen Klassenstaat zu verlassen. Nicht wahr, Herr Rabe?"

„Jawohl", antwortete der Westflüchtling und nickte.

„Was Herrn Rabe ganz besonders bedrückte", sprach der Funktionär weiter, „das war die zunehmende Militarisierung der Jugend in der westdeutschen Bundesrepublik..."

„Jawohl", bekräftigte der Westflüchtling die Behauptung und nickte wieder.

„... und die autoritäre Schulverfassung, die den Lehrern und erst recht den Schülern nicht erlaubt, auch nur einen Fingerbreit eigenen Denkens vorzubringen. Habe ich Sie richtig verstanden, Herr Rabe?"

„Jawohl", antwortete erneut der Westflüchtling und nickte.

„Und deshalb, Genossen, ist Herr Rabe zu uns in die Deutsche Demokratische Republik geflüchtet!" Der Funktionär nickte dem Mann zu seiner Rechten anerkennend zu und klatschte in die Hände. Die Genossen erhoben sich und klatschten ebenfalls Beifall.

Als die Versammlung beendet war, nahm der Parteisekretär den Funktionär beiseite, klopfte ihm auf die Schulter und sagte: „Das war eine gute Vorstellung, Genosse Schulze!" Dann wurde sein Ton vertraulich. „Ich habe von dem Mann eigentlich nur 'Jawohl' gehört. Hat er dir das alles tatsächlich gesagt?"

Der Funktionär schüttelte den Kopf. „Keine Spur, Genosse, der ist ja völlig unbedarft, geistig, ideologisch eine glatte Null."

„So?" Der Parteisekretär runzelte die Stirn. „Weshalb ist er dann drüben abgehauen? Kennst du die wahren Gründe?"

„Ich kenne sie", antwortete der Funktionär, „irgend so ein Denunziant hat mir einen Artikel aus der 'Westfälischen Tageszeitung' geschickt, und in dem steht..." Er blickte sich vorsichtig um.

„Wir sind allein", ermunterte ihn der Parteisekretär ungeduldig.

„... und in dem steht", flüsterte der Funktionär, „daß ein gewisser Karl-Heinz Rabe, einunddreißig, verheiratet und Vater von zwei Kindern, Lehrer an der Grundschule in Paderstein, plötzlich verschwunden ist, nachdem sich herausgestellt hat, daß eine seiner Schülerinnen ein Kind von ihm erwartet."

Der Parteisekretär blieb gelassen. „Überrascht mich nicht. Die meisten Westflüchtlinge haben irgend so eine Macke. Was uns aber nicht daran hindern sollte, sie für unsere Ziele einzusetzen." Seine Miene verdüsterte sich. „Etwas gefällt mir aber an der Sache nicht, Genosse Schulze ..."

Der Funktionär wurde unsicher. „Darf ich fragen..."

„... und zwar die Rolle, die du dabei spielst, Genosse", fuhr der Parteisekretär fort und blickte den anderen durchdringend an. „Wenn dieser Rabe, wie du selber gesagt hast, völlig unbedarft ist und ideologisch keine Ahnung von Tuten und Blasen hat, wie kannst du denn" — er stach mit dem Zeigefinger auf den Funktionär ein — „wie kannst du denn so genau Bescheid wissen? Was du vorgebracht hast, das sind doch haargenau jene Gründe, die von Republikflüchtigen, diesen Verrätern, drüben vorgebracht werden!"

Der Funktionär druckste, ehe er zögernd antwortete: „Du hast recht, Genosse Sekretär, ich habe die Gründe der 'Westfälischen Tageszeitung' entnommen."

„Das ist ja ..." Der Parteisekretär schnappte nach Luft, dann rang er sich aber ein verständnisvolles Lächeln ab und sagte: „Es gibt eben Situationen, in denen man sogar vom Klassenfeind gute Argumente beziehen kann."

KLEIN-MORRIS IN DER DDR

„Also wenn Sie mich, den Klein-Morris aus England fragen, ich fand es in der Deutschen Demokratischen Republik, die von manchen Leuten noch immer abwertend die Ostzone genannt wird, einfach großartig. Es ist ja nicht wahr, daß die Leute dort Manieren wie eingefleischte Stalinisten haben! Sie hätten mal sehen sollen, wie freundlich sie mich empfangen haben, sogar auf englisch, so daß ich meine deutschen Sprachkenntnisse gar nicht erst auszukramen brauchte. Und sie bewirteten mich geradezu fürstlich, alles war reichlich und in bester Qualität für mich da, sogar echten schottischen Whisky hatten sie. Woraus man ersieht, daß von einer Lebensmittelknappheit gar keine Rede sein kann. Alle Leute, mit denen ich zu tun hatte, sahen stramm und wohlgenährt aus, manche platzten beinahe aus ihren Anzügen, jawohl.

Zuallererst habe ich natürlich gefragt, ob ich mich frei in ihrer Republik bewegen dürfte. Jawohl, antworteten sie, Sie sind doch in einem freien Land, was bei uns geschieht, darf jedermann sehen. Und auch darüber schreiben? fragte ich. Das ist doch selbstverständlich, antworteten sie. Allerdings, Lügen dürfte ich nicht verbreiten. Ich hab' wohl ein bißchen empört ausgesehen, als sie das sagten, deshalb fügten sie gleich hinzu, es sei nicht so gemeint, aber Irrtümer seien doch immerhin möglich, das müsse ich zugeben. Nicht jeder Bewohner der Republik spreche perfekt englisch, und mein Deutsch sei wohl... Dabei lächelten sie fein. Ich gab zu, mein Deutsch sei nicht das beste, da könne es schon Mißverständnisse geben... Sehen Sie! riefen sie da aus. Und dann fragten sie mich, ob ich nicht lieber doch einen tüchtigen Dolmetscher dabeihaben wolle, so beuge man Irrtümern vor... Weshalb also sollte ich den Dolmetscher ablehnen? Wenn er doch Irrtümer verhinderte... Auf diese Weise konnte ich mit vielen Leuten sprechen, mit denen ich sonst nicht hätte sprechen können, ja, die vielleicht einem Gespräch mit mir aus dem Weg gegangen wären, weil sie in mir einen Spion oder Agenten des Westens vermuteten. Da aber der Dolmetscher, sogar mit dem Abzeichen der SED, dabei war, hatten sie das nicht zu befürchten, und so konnten sie ganz unbefangen mit mir reden.

Jawohl, die Leute sprachen ganz frei und unbefangen mit mir, die Anwesenheit des Dolmetschers gab ihnen ja die Gewißheit, daß sie nicht sagten, was sie nicht sagen dürften, nämlich Lügen über die Deutsche Demokratische Republik. Wenn einer mal Sachen sagte, die nicht ganz astrein waren, gleich blickte der Dolmetscher ihn streng, aber gütig an, und schon verbesserte er sich. Oder aber der Dolmetscher übersetzte mir die Antworten gleich so, daß bei mir überhaupt keine Irrtümer entstehen konnten.

Es ist auch nicht wahr, daß die Bevölkerung in der Deutschen Demokratischen Republik unterdrückt wird und keine demokratischen Rechte hat. Ich habe mich mit vielen Funktionären unterhalten, und alle waren für Freiheit und Recht, ja mitunter beklagten sie sich sogar darüber, daß die Bevölkerung ihre demokratischen Rechte noch nicht hundertprozentig wahrnehme, zum Beispiel bei Versammlungen der Nationalen Front oder bei Hausversammlungen. Ich wohnte einigen solcher Meetings bei. Sie waren nicht sehr gut besucht, aber das hatte seinen Grund. Der Dolmetscher erklärte mir, daß die meisten Leute aufs Land gefahren seien, um den aufblühenden landwirtschaftlichen Genossenschaften zu noch schnellerer Blüte zu verhelfen. Die wenigen Leute nun, die zu den Versammlungen gekommen waren, saßen stumm da und meldeten sich nicht zum Wort. Wenn aber einer aufstand und redete, dann stimmte er dem Referenten zu, woraus ersichtlich ist, daß zwischen Regierung und Bevölkerung eine völlige Übereinstimmung herrscht.

Dies kam auch bei den allgemeinen Wahlen überzeugend zum Ausdruck. Während im Westen nur siebzig oder achtzig Prozent der Wähler zur Urne gehen, sind es in der Deutschen Demokratischen Republik fast hundert Prozent. Es ist also klar, daß die Bevölkerung demokratische Rechte nicht nur hat, sondern auch Gebrauch von ihnen macht. Und es ist ein Zeichen aufrechten Menschentums, daß die Leute ihre Stimme, nicht wie bei uns, heimlich, sondern offen und frei abgeben. Ich habe niemanden gesehen, der dazu gezwungen worden wäre, eine Wahlkabine zu betreten.

Ich gebe zu, daß die Wahlparolen der Parteien einander sehr ähnelten oder gar identisch waren. Mein Dolmetscher erklärte mir dieses Phänomen. Die verschiedenen Parteien hätten die gleiche Meinung und die gleichen Ziele, daher unterschieden sich auch ihre Parolen nicht voneinander, das müsse jedem einleuchten. Mir leuchtete es ein. Auf meine Frage, weshalb sich die Parteien dann nicht zu einer einzigen Partei zusammenschlössen, erwiderte mein Begleiter, die Deutsche Demokratische Republik sei nun einmal eine Demokratie, und in der müsse es eben verschiedene Parteien geben. Das war eine sehr gute Antwort.

Ja, und die Lebensmittelversorgung, das ist auch so ein Punkt, von dem in den westlichen Zeitungen viel die Rede ist. Also ich habe niemanden gesehen, der verhungert aussah. Gewiß, ich sah Käuferschlangen vor Lebensmittelgeschäften, aber hierfür hatte mein Dolmetscher eine sehr einleuchtende Erklärung. Erstens sei es das natürliche Geselligkeitsbedürfnis, das die Menschen vor den Geschäften zusammenführe (wobei sie gar nicht selten spontane Zustimmungserklärungen für die Politik ihrer Regierung abgäben), und zweitens hätten viele Leute die dumme Angewohnheit, gerade jene Lebensmittel einkaufen zu wollen, die der Gesundheit nicht zuträglich seien, Rindfleisch, Kartoffeln, Zitronen und Butter zum Beispiel. In diesem Punkt, gab er freimütig zu, sei die Erziehungs- und Aufklärungsarbeit der Regierung noch nicht voll von Erfolg gekrönt. Was die Ernährung beträfe, seien die Leute noch ein wenig konservativ.

Ich habe sehr viele Leute gefragt, ob sie vielleicht lieber im Westen als in der Deutschen Demokratischen Republik leben würden. Die Frage wurde von allen Leuten strikt verneint. Wir leben hier viel besser, wurde mir übereinstimmend versichert.

Und schließlich die Preise. Sie sind zwar höher als bei uns, aber dafür sind die Waren oft nicht zu haben. Es ist klar und entspricht dem Gesetz von Angebot und Nachfrage. Seltene Waren sind eben teurer als solche, von denen große Mengen vorhanden sind. Die Fabriken stellen auch nicht her, was Hinz und Kunz in ihrer Einfalt verlangen, sondern was in den Plänen vorgesehen und wofür das Material zufällig vorhanden ist. Das ist die neue, fortschrittliche Produktionsweise, das ist krisenfeste Wirtschaft.

Als ich meine Reise beendet hatte, fragte man mich, ob ich meinen Bericht bereits geschrieben habe. Als ich verneinte, erbot man sich, mir bei seiner Abfassung behilflich zu sein. Solches Entgegenkommen habe ich im Westen noch niemals erfahren. Ich kann daher nur das Beste über die Deutsche Demokratische Republik sagen."

DAS GEHEIMNIS DER WANZE

Genosse Pschig, neuer volksrepublikanischer Botschafter in Washington war aufs äußerste empört. Diese verruchten Kapitalisten! Arbeiteten mit den gleichen Methoden wie die volksrepublikanischen Geheimdienste! Installierten einfach eine Abhörwanze in seinem, des Botschafters Schreibtisch!

Dann aber mußte der Genosse Botschafter doch lächeln und zwar über die Naivität der Gentlemen vom FBI. Waren sie wirklich der Meinung, daß er, der Botschafter, in seinem prächtigen, repräsentativen Arbeitszimmer die sozusagen mitakkreditierten Spione empfing, sie instruierte und ihre Berichte entgegennahm? Dann hatten die Leute vom FBI sich schwer getäuscht – in diesem Raume ging alles streng legal und nach den Regeln der Diplomatie vor sich. Staatsgeheimnisse und alles, was damit zusammenhing, wurden in einem Sonderraum erörtert, dessen Wände und Einrichtungen in kurzen Abständen peinlich genau nach Wanzen und sonstigen Abhöranlagen überprüft wurden.

Immerhin, und das versetzte den Genossen Pschig doch in eine gewisse Alarmstimmung, immerhin poussierte er sehr heftig mit der Genossin Nina, sagte er ihr Dinge, die auf ein sehr intimes Verhältnis des Genossen Botschafters zur Genossin Dolmetscherin schließen ließen. Ein Mikrophon nimmt ja bekanntlich nicht nur Worte, sondern auch Geräusche jedweder Art auf. Wenn nun die Verbrecher vom FBI daraus Kapital zu schlagen und ihn zu erpressen versuchten, was dann?

Eben noch hatte der Genosse Botschafter die Praktiken des FBI belächelt, jetzt wurde er erneut von Panik ergriffen. Wenn er sich nun nicht erpressen ließ und die Leute vom FBI das, was sie ausgeschnüffelt hatten, der Presse zuspielten, war ihm die Rückberufung in das gelobte Land der Arbeiter und Bauern so gut wie sicher, und das fürchtete Genosse Pschig, der ja nicht nur Diplomat, sondern auch Mensch war, doch sehr. Obwohl er sein volksrepublikanisches Vaterland eigentlich liebte, lebte er doch viel lieber im feindlichen Ausland; es bot ihm so manche Annehmlichkeiten, von denen man daheim nur träumen konnte.

Fest stand jedenfalls, daß er, der Botschafter einer Volksrepublik, es nicht hinnehmen konnte, von den finsteren Gesellen des FBI bespitzelt zu werden. „Ich werde protestieren!" sagte er laut und energisch und hieb wütend auf seinen Mahagonischreibtisch. Dann fuhr er mit seiner Wolga-Limousine zum Außenminister und brachte seine Beschwerde mit allem Nachdruck vor.

Der Secretary of State ließ den Redeschwall über sich ergehen, dann entgegnete er gelassen: „Davon ist mir nichts bekannt, Sir."

Der Genosse Botschafter lächelte verständnisvoll. Ein Außenminister weiß bekanntlich nie, was die Geheimdienste seines Landes so treiben. Er bedient sich gern ihrer Berichte, hat aber offiziell selten Kenntnis davon, auf welche Weise sie beschafft werden. Ein Außenminister, in Ost wie in West und in der dritten Welt, — dachte Genosse Pschig — ist ja in erster Linie eine Ableugnungs- und Dementiermaschine.

„... aber ich werde die Angelegenheit selbstverständlich sofort untersuchen lassen", beendete der Außenminister den angefangenen Satz. „Und mich in aller Form bei Ihnen entschuldigen, wenn Ihr Verdacht sich bestätigt."

„Verdacht sich bestätigt?" fuhr der Genosse Botschafter empört auf. „Ist denn ein Mikrophon in meinem Schreibtisch nicht Beweis genug?"

Der Außenminister ging auf die Frage nicht ein, sondern erwiderte: „Sind Sie damit einverstanden, Sir, daß einer unserer Spezialisten Sie in Ihre Botschaft begleitet und den Fall untersucht?"

„Ich bitte sogar darum!" schmetterte der Genosse Botschafter. „In unserer Botschaft gibt es nichts, was das Licht der Öffentlichkeit zu scheuen hätte!"

„Gut", sagte der Außenminister und enthielt sich auch des geringsten Anflugs eines Lächelns. Er schaltete die Wechselsprechanlage ein und rief: „Mister Lewis soll bitte kommen."

Wenige Minuten später erschien Mr. Lewis, ein unscheinbarer Mann mit wachen Augen und einem hintergründigen Lächeln. Er wurde über die Angelegenheit informiert und fuhr alsdann mit dem volksrepublikanischen Botschafter in dessen Residenz, wo er sofort mit den Untersuchungen begann.

Er besah sich das Mikrophon sehr genau, prüfte dann dessen Wellenlänge mit einem Apparat und unternahm weitere Manipulationen, aus denen der Genosse Botschafter nicht schlau wurde; ein Botschafter muß ja nicht unbedingt etwas von Elektronik verstehen. Dann verließ Mr. Lewis das Zimmer. Als er zurückkehrte, umspielte ein triumphierendes Lächeln seine dünnen Lippen.

„Nun, Mister", sagte der Genosse Botschafter streng, „haben Sie meinen Verdacht bestätigt gefunden?"

„Yes, Sir", antwortete Mr. Lewis ohne zu zögern. „Sie werden in der Tat bespitzelt."

Der Genosse Botschafter erhob sich, stützte sich mit beiden Händen auf seinen Schreibtisch und fauchte: „Teilen Sie Ihrem Außenminister sofort mit, was Sie hier..."

„Excuse me, Sir", fiel ihm Mr. Lewis ins Wort, „aber ich glaube nicht, daß unser Außenminister sich für diese Sache interessieren wird ..."

„Wie bitte?" donnerte der Genosse Botschafter. „Ihr Außenminister wird sich nicht ..."

„No, Sir", erwiderte Mr. Lewis ungerührt. „Weil nämlich das Mikrophon in Ihrem Schreibtisch mit einer Abhöranlage im Zimmer Ihres persönlichen Referenten verbunden ist." Er lächelte höflich. „Ich darf mich jetzt wohl entfernen, Sir."

Als die Tür hinter Mr. Lewis ins Schloß gefallen war, sank der Genosse Botschafter in sich zusammen. Und dachte verzweifelt: „Wäre es doch nur das FBI gewesen..."

DER STURZ

Da jeder neue Diktator sich gern von einem alten Diktator legitimieren läßt, liefen gleich nach der Machtübernahme des frisch gekürten Herrschers die Pläne für den obligaten Antrittsbesuch an. Das klingt einfach, ist es aber nicht. So ein Besuch muß nämlich gründlich vorbereitet werden, sehr gründlich sogar. Es gibt dabei naturgemäß viel zu bedenken. Um nur ein paar Beispiele zu nennen. Was zieht der neue Diktator an? Hat er gemessen-freundlich oder herzlich zu sein? Was darf er sagen und was muß er verschweigen? Wieviel darf er trinken, damit seine Zunge zahm bleibt? Soll er bescheiden oder mit vollem Pomp auftreten? Soll er sich zivilistisch oder militärisch gebärden?

Diese und viele andere Fragen beschäftigten die fähigsten Köpfe der Partei, die sich auf den neuen Diktator geeinigt hatten. Es gab, selbstverständlich hinter fest verschlossenen Türen, eingehende ideologische Beratungen. Schließlich faßte man aber einen einstimmigen Beschluß, der in einem strahlenden Kommuniqué veröffentlicht wurde. Doch damit war die Hauptschwierigkeit keineswegs gelöst. Sie lag nämlich in der Person des neuen Diktators.

Diktatoren haben nach überlieferter Sitte streng, aber freundlich, ein Held, zugleich aber auch eine Art höherer Mensch zu sein, sie müssen eine Figur aufweisen, die sich für ein Denkmal eignet, und einen Kopf haben, der sich auf Briefmarken verewigen läßt.

Der neue Diktator jedoch war ein vierschrötiger, man kann sogar sagen dicker Mann, er trank gern und viel, war ein schlechter Redner, ungeschickt und linkisch, wurde aus geringstem Anlaß grob und — das vor allem — konnte nicht lächeln. Innerhalb des Machtbereichs einer Diktatur ist die Unfähigkeit, das Gesicht in Lächelfalten zu legen, belanglos. Dem Volk, dem man Treuekundgebungen und Beifallsstürme befiehlt, zeigt der Diktator sich ohnehin nur aus größerer Entfernung, auf Bildern bringen geschickte Fotografen ein paar Linien an, die man für den Ausdruck eines heldischen Lächelns halten kann.

Wenn der neue Diktator jedoch den alten, erfahrenen Diktator des benachbarten Landes besuchte, mußte er ein Lächeln zustandebringen — das hatte die Partei beschlossen. Es war überhaupt genau festgelegt, wie er sich zu verhalten hatte. Wenn er aus der Tür des Flugzeugs trat, hatte er breit und freundlich zu lächeln und mit lockerer Hand zu winken, dann hatte er die Treppe mit Schwung hinunterzusteigen, mit ausgebreiteten Armen auf den alten Diktator zuzugehen, ihn zu umhalsen und auf beide Wangen zu küssen, ihm anschließend mindestens dreißig Sekunden lang die Bruderhände zu schütteln und ihm dabei spontan ein paar freundliche Worte zu sagen, die, nach eingehenden Diskussionen, genau festgelegt waren.

Es war ein schweres Stück Arbeit, den neuen Diktator für diesen Freundschaftsbesuch zu trainieren, aber es gelang schließlich. Es muß allerdings auch erwähnt werden, daß der neue Diktator sehr gelehrig und fleißig war. Er übte unentwegt das Lächeln, das Winken, das elastische Schreiten, die herzliche Umarmung und das freundschaftliche Händeschütteln. Obwohl es sämtlich Dinge waren, die seinem Charakter nicht entsprachen, war er eisern in der Erfüllung seiner heiligen Pflicht. Ein wenig wurde sie ihm erleichtert, da ein hübsches Mädchen für Übungszwecke zur Verfügung stand. Der neue Diktator lernte sogar, die Begrüßungsworte ohne Stokken und mit der richtigen Betonung aufzusagen.

Dann, nach einer gründlichen Generalprobe, war es soweit. Das Flugzeug startete und kam pünktlich an. Als es ausgerollt war und die Treppe herangeschoben wurde, öffnete der neue Diktator die Tür. Er fühlte sich in Form und war zuversichtlich. Leider regnete es. Und nun sollte offenbar werden, daß sogar in einer perfekten Diktatur etwas schiefgehen kann. Man hatte den neuen Diktator nur bei günstigem Wetter trainiert und es verabsäumt, seinen Auftritt auch für Regenwetter einzustudieren.

Dann geschah es. Der neue Diktator, unfähig, von befohlenen Richtlinien abzuweichen oder zu improvisieren, setzte sich mit dem eingelernten Schwung in Bewegung und — glitt auf der regennassen Treppe aus. Er schlug heftig auf und rutschte die Stufen hinunter, mit dem Kopf voran.

Der alte Diktator und sein Gefolge, die zum Empfang angetreten waren, bewahrten ihre Haltung und ihren Ernst und warteten eine angemessene Frist, daß der neue Diktator sich erheben würde. Erst als er dennoch liegenblieb, versuchten zwei Offiziere ihm aufzuhelfen. Es gelang ihnen nicht. Der neue Diktator hatte sich das Genick gebrochen.

DER ÄUSSERSTE NOTFALL

Kürzlich verstarb — ganz plötzlich — der Außenminister einer der bekanntesten Diktaturen. Er erlitt während einer Verhandlungspause einen Herzinfarkt. Eben hatte er noch, wie man es seit Jahren von ihm gewohnt war, mit undurchdringlichem Gesicht am Konferenztisch gesessen, über den er seine Neins rollen ließ, an dem er sich in Schweigen einnebelte oder an dem er — auch das kam des öfteren vor — um eine Vertagung ersuchte, um neue Instruktionen aus seiner Hauptstadt einzuholen.

Und nun hatte dieser Außenminister, mitten in seiner so erfolgreichen Tätigkeit, einen Herzinfarkt erlitten. Dabei war er ein außerordentlich robuster Mann, wie es sich für den Außenminister einer Diktatur gehört, er war niemals krank gewesen, es sei denn aus taktischen Erwägungen. Man rätselte noch einige Zeit an den Gründen, die zum Tod des Außenministers geführt hatten, herum, dann jedoch wendete man sich einem anderen Gesprächsstoff zu. Eine Supersexbombe hatte sich einen Intellektuellen erheiratet.

Jetzt erst ist es möglich, die wahre Ursache für den Tod des Außenministers zu ermitteln. Sie ist interessant genug, der Welt bekanntgegeben zu werden.

Auf jener Konferenz hatte der Außenminister wie üblich operiert. Er war ausgewichen, hatte nein gesagt, die Gründung einer Unterkommission gefordert, Vertagung verlangt, die Zuständigkeit der Konferenz bezweifelt, Verfahrensfragen aufgeworfen und andere Themen aufgenommen, immer wieder nein gesagt, kurz: Es war ihm gelungen, jede Entscheidung zu verhindern und die Vertagung der Konferenz fast schon zu erreichen. Er saß da wie der Sieger...

Da aber wurde er vor eine Entscheidung gestellt, zwar in einer ganz nebensächlichen Sache, doch immerhin vor eine Entscheidung. Es ging nämlich darum, ob die Diener, die im Konferenzgebäude Erfrischungen herumreichten, auch die Sprache jener bekannten Diktatur beherrschen müßten. Es war, so schien es, wirklich eine völlig untergeordnete Angelegenheit. Für den Außenminister einer Diktatur gibt es jedoch keine untergeordneten Angelegenheiten. Jede Sache ist ein Exempel, das nach genau festgelegten Regeln zu lösen ist; schon die allergeringste Abweichung ist geeignet, die Ehre, die Würde und die Souveränität des betreffenden Staates zu verletzen.

Daher erwachte der Außenminister sofort aus seiner Starre, als jene Frage berührt wurde. Er bat ums Wort, erhob sich feierlich und hielt eine zweistündige Rede über die Gefährdung des Friedens und der Entspannungsbemühungen, die bereits am Erfrischungsstand des Konferenzgebäudes scheitern könnten. Am Schluß seiner Ausführungen verlangte er sodann eine Pause, um neue Weisungen einzuholen. Die Pause wurde ihm zugestanden, weil die anderen Teilnehmer der Konferenz ebenso am Rande der Erschöpfung wie an dem der Empörung waren.

Der Außenminister rieb sich vergnügt die Hände über den Zeitgewinn, denn Zeitgewinn ist bekanntlich Machtgewinn, dann befahl er seinem Sekretär, sofort eine telefonische Verbindung mit der Hauptstadt herzustellen. Denn selbstverständlich konnte er nicht allein die Frage der Umgangssprache mit den Konferenzdienern entscheiden. Eine solche Entscheidung vermochten nur der Ministerrat und das Zentralkomitee der Partei zu fällen.

Und nun trat das Ereignis ein, das... Also die Telefonverbindung kam aus irgendwelchen Gründen nicht zustande, auch eine Funkverbindung gelang nicht — der Außenminister stand plötzlich ganz allein auf der weiten Flur der Entscheidungen. Es war das erste Mal in seiner langen außenministeriellen Karriere. Er war ratlos, ratlos und hilflos, er lief in seinem Zimmer umher wie ein Zirkuslöwe, dem man die Gitterstäbe fortgenommen hat. Die Stunde der Entscheidung nahte. Es war eine furchtbare, eine verzweifelte Lage.

Da entsann sich der Außenminister einer Geheimorder, die ihm, wie stets, für den äußersten Notfall in einem versiegelten Umschlag mitgegeben worden war. Er hatte ihn niemals erbrochen, weil es ihm bisher noch immer gelungen war, neue Weisungen einzuholen oder neue Verzögerungen zu erreichen. Hier war das jedoch nicht möglich. Der äußerste Notfall war eingetreten.

Der Außenminister zögerte noch, als er den Umschlag aus

dem Safe nahm. Dann riß er ihn entschlossen auf, entfaltete den Bogen und las: „Weisung für den äußersten Notfall: Handeln Sie nach eigenem Ermessen."

Und da erlitt der Außenminister den eingangs erwähnten Herzinfarkt.

DER GIPFEL

Schon seit Jahren wurde von einer Gipfelkonferenz gesprochen, auf welcher die Präsidenten von Krampfador und Krampfanagua die zwischen ihren Staaten schwebenden Grenzfragen beraten und klären sollten, um endlich einen dauerhaften Frieden herzustellen. Doch trotz der wiederholt erklärten Bereitschaft, Verhandlungen auf der allerhöchsten Ebene zu führen, war es bisher nicht dazu gekommen. Dr. Cäsar Schaute, Präsident von Krampfador, erklärte, er könne das Risiko einer Gipfelkonferenz nur dann auf sich nehmen, wenn ihr Erfolg durch die vorherige Annahme seiner Bedingungen gesichert sei. Oberst Augustus Nebbich, Herrscher von Krampfanagua, dagegen hatte wiederholt feierlich verkündet, er könne sich erst dann zu Verhandlungen an einen Tisch setzen, wenn der Gesprächspartner zuvor seinen guten Willen durch den Verzicht auf alle Ansprüche unter Beweis gestellt habe.

Es leuchtet ein, daß ein Zustandekommen der Konferenz unter diesen Umständen einige Schwierigkeiten bereitete. Um der Weltöffentlichkeit jedoch ihre Bereitschaft, Machtansprüche durch friedliche Gewalt durchzusetzen, glaubhaft zu machen, befahlen die Präsidenten ihren Außenministern, einen Plan für die Tagesordnung der Gipfelkonferenz auszuarbeiten. Die Außenminister eröffneten sogleich einen umfangreichen Notenwechsel. Sie beschuldigten sich gegenseitig, die Gipfelkonferenz zu hintertreiben, und veröffentlichten dickleibige Schwarzweißbücher. Immerhin kamen sie überein, daß als erster Punkt Punkt eins, als zweiter Punkt Punkt zwei und als dritter Punkt Punkt drei zu behandeln sei. Da aber jeder der Außenminister der Meinung war, mit der Festlegung dieser Reihenfolge außerordentliches Entgegenkommen bewiesen zu haben, versteifte sich ihre Haltung wieder, als es um die Zahl der zu behandelnden Tagesordnungspunkte ging. Der krampfadorianische Außenminister hielt allerhöchstens sechs Punkte für notwendig, während der krampfanaguische Außenminister auf mindestens acht Punkten Bestand. Da Unnachgiebigkeit und Starrsinn zu ihrem diplomatischen Geschäft gehörten, kam eine Einigung über die Zahl der Punkte nicht zustande.

Deshalb beauftragten die Außenminister ihre Staatssekretäre, Verhandlungen über die Zahl der Tagesordnungspunkte zu führen. Die Staatssekretäre entwarfen zunächst tiefschürfende Denkschriften, die auf Pressekonferenzen eingehend erläutert wurden. Nachdem man sich gegenseitig ausgiebig beschimpft und die Bereitschaft, den anderen auf der geplanten Gipfelkonferenz gründlich übers Ohr zu hauen, dialektisch verbrämt hatte, einigten sich die Staatssekretäre auf sieben Tagesordnungspunkte. Damit hatte man den zweiten wichtigen Schritt auf den Gipfel hin getan.

Offen blieb jedoch die Frage, wo die Konferenz stattfinden sollte. Die „Krampfador Times" schrieben, es käme nur der Nordpol in Frage. Die „Krampfanagua Gazette" dagegen hielt die Oase Hula-Hula in der Wüste Sahara für den einzig geeigneten, weil sicheren Ort. „Schluß mit den Kompromissen!" fügten die „Krampfador Times" hinzu. „Keine faulen Kompromisse mehr!" verkündete die „Krampfanagua Gazette".

Die Vorbereitungen für die Gipfelkonferenz gerieten so wieder ins Stocken. Um die mühsam erhandelten Fortschritte nicht zu verlieren, verlagerten die Staatssekretäre die weitere Behandlung des Problems noch eine Ebene tiefer und überließen sie ihren Ministerialdirektoren, die mit Hilfe geographischer Fachleute einen Punkt fixierten, der genau in der Mitte zwischen dem Nordpol und der Oase Hula-Hula lag.

Der Gipfelkonferenz stand nun, abgesehen vom Inhalt der sieben Tagesordnungspunkte, nichts mehr im Wege — außer der Prestigefrage, wer zuerst am Konferenzort eintreffen sollte, Dr. Schaute oder Oberst Nebbich. Die Ehre der Nation verlangte, dem anderen unter keinen Umständen den Vorrang einzuräumen.

Die Verhandlungen fuhren sich wieder fest. In dieser kritischen Situation fanden die Ministerialdirektoren die erlösende Kompromißformel: Verlagerung auf die technische Ebene. Eine gemischte Kommission, bestehend aus Fachleuten des Eisenbahn-, Schiffs- und Flugwesens, sollte einen Plan ausarbeiten, um das sekundengleiche Eintreffen der beiden Staatsoberhäupter am Konferenzort zu garantieren.

Da die Kommission selbstverständlich paritätisch besetzt werden mußte, entstand eine neue Schwierigkeit, nämlich die: Was sollte bei der zu erwartenden Stimmengleichheit geschehen? Weil eine Einigung hierüber nicht zu erzielen war, wurde dieser Punkt erst einmal ausgeklammert.

Nun wurden die Chauffeure Dr. Schautes und Oberst Nebbichs hinzugezogen. Da sie die Wagen der beiden Staatsoberhäupter vom Flughafen zur Tagungsstätte zu fahren hatten, kam es auf eine Übereinkunft dieser beiden Männer an. Was niemand erwartet hatte, trat ein: die beiden Chauffeure verständigten sich innerhalb weniger Minuten.

Nun konnten die Verhandlungen wieder eine Ebene höher verlagert werden. Dort lagern sie zur Zeit noch.

AMTSEINFÜHRUNG

Der alte Diktator war weder gestorben noch ermordet oder ideologisch beerdigt worden, und doch hatte das Land plötzlich einen neuen Diktator. Obwohl er, wie es in den Verlautbarungen hieß, vom Vertrauen des gesamten Volkes in sein hohes Amt berufen worden war, war er den Volksgenossen gänzlich unbekannt. Kaum jemand hatte zuvor seinen Namen gehört. Das war allerdings auch nicht verwunderlich, denn der neue Diktator hatte bisher nur hinter den Kulissen der Politik gewirkt. − dies aber sehr nachhaltig. Er hatte dem alten Diktator zähe und systematisch das Wasser abgegraben und ihn schließlich völlig trockengelegt, indem er ihm nach und nach alle Verbindungskanäle abschnitt, die zum Politbüro, zur Armee und zur Geheimpolizei führten. Den Zugang zum Volk brauchte er ihm allerdings nicht zu versperren, weil der gar nicht bestand. So blieb dem alten Diktator nichts anderes übrig, als seine Irrtümer einzugestehen und sein Amt vertrauensvoll in die Hände des neuen Diktators zu legen. Es war die einzige Möglichkeit, wenigstens seinen Kopf und eine bescheidene Pension zu retten.

Der neue Diktator war also da, und sofort begann die Propagandamaschine auf vollen Touren zu laufen. Man hatte, solange der neue Diktator nur als graue Eminenz hinter den Kulissen arbeitete, nichts unternommen, um ihn im Herzen des Volkes zu verankern. Man wußte ja nicht, ob es ihm wirklich gelingen würde, sich eines Tages an die Stelle des alten Diktators zu setzen. Nichts ist für einen Propagandisten verhängnisvoller, als auf das falsche Pferd zu setzen.

Nun jedoch, da der neue Diktator die − wie es hieß − Geschicke der Nation in seine starken und entschlossenen Hände genommen hatte, machten sich die Propagandisten an die Arbeit. Es gelang ihnen, ein Bild des neuen Diktators ausfindig zu machen, auf dem er recht menschlich aussah. Sie retuschierten ein paar Lächelfalten in sein grobes Gesicht hinein, schminkten ihm eine angenehm-rosige Hautfarbe an und ließen das so hergerichtete Bild ein paar millionenmal auf feinstem Karton drucken. Binnen kurzem hing das Bild des neuen Diktators in sämtlichen Büros, Schulklassen, Kasernenstuben, Klubräumen, Funktionärswohnzimmern und Bahnhofshallen, es grüßte von Viadukten, Giebeln, Brandmauern, Toren und Aussichtstürmen. Das Land wurde überflutet mit dem Lächeln des neuen Diktators.

Nachdem der neue Diktator unter der Anleitung eines erfahrenen Filmregisseurs Jovialität geübt hatte, konnte er es wagen, sich unter das Volk zu begeben. Es war ja eigentlich nicht das Volk schlechthin, sondern eine Garnitur einzelner, sehr sorgfältig ausgewählter Exemplare, auf die sich nun die Kameras der Fotoreporter, der Wochenschauen und des Fernsehens einschossen. Es waren ein altes Mütterchen, gebeugt und grauhaarig, dem der Diktator einen Korb mit Lebensmitteln überbrachte; ein kleines Mädchen, blond und mit kurzem weißem Kleidchen und auf dem starken Arm des Diktators sitzend, es schmiegte seine Wange an die des neuen Diktators; ein Arbeiter, groß, mit offenem Hemd und behaarter Brust, dem der neue Diktator kräftig die Hand schüttelte; ein Intellektueller, hager und mit randloser Brille, mit dem – wie die Unterschrift besagte – der neue Diktator sich angeregt über künstlerische Fragen unterhält; eine Schönheitskönigin, schlank und spärlich bekleidet, die ihm ihre rosige Wange zum Kuß bietet; eine Fußballmannschaft, strahlend und mit verschwitzten Haaren, welcher der neue Diktator einen Pokal überreicht. Die Bilder erschienen als Auflage in sämtlichen Zeitungen und Illustrierten des Landes auf der ersten Seite, in den Fachzeitschriften für Medizin, Philatelie, Gartenbau und Holzbearbeitung auf der zweiten Seite.

Sodann begannen die Propagandisten, die Biographie des neuen Diktators zu erfinden. Zunächst suchten sie eine passende Geburtsstätte aus, ein Haus, nicht zu armselig, aber auch nicht zu vornehm, etwa in der Preislage „Sohn des Volkes". Es wurde, nachdem man entsprechende Requisiten hatte anfertigen lassen, zum Nationalheiligtum erklärt und unter Denkmalschutz gestellt. Sodann machte man eine Schule, die der neue Diktator, selbstverständlich mit Erfolg, besucht, und eine Werkstätte, in der er einen gehobenen Beruf erlernt hatte, ausfindig. Überall fanden sich genug Zeugen, die sich lebhaft und gern des jungen Mannes erinnerten. Sie hatten, wie sie beteuerten, schon damals gesagt: "Aus dem wird einmal ein ganz Großer!"

Da in den früher erschienenen Geschichtsbüchern der Name des neuen Diktators nicht erwähnt war, ging man daran, die vaterländische Geschichte umzuschreiben. Der Name des neuen Diktators wurde nun mit allen entscheidenden Ereignissen der neueren Geschichte in Verbindung gebracht. Er war überall dabeigewesen, mit Rat und Tat und unter vollem Einsatz seiner Person. Auch hierfür fanden sich Zeugen, Kronzeugen, Tatzeugen, Ohrenzeugen, Blutzeugen. Sie streuten Anekdoten wie Konfetti aus. Der neue Diktator war, sie bestätigten es gern, ein Mann mit Witz und Humor, geliebt von seinen Freunden, gehaßt von seinen Feinden, die zugleich die Feinde des Volkes waren.

Auch die Historienmalerei empfing durch den neuen Diktator einen gewaltigen Auftrieb. Da er, wie die Geschichtsbücher auswiesen, hervorragenden Anteil an allen entscheidenden Ereignissen, ja, im Grunde sogar die geistige Führung innegehabt hatte, pinselten die Maler seinen markanten Kopf mit der entschlossenen Miene oder dem volkstümlichen Lächeln, je nachdem, über den Kopf des alten Diktators. Da der alte und der neue Diktator etwa die gleiche gedrungene Figur hatten, trat hier ein Stilbruch nicht zutage, auch keine Verfälschung der historischen Wahrheit. Neue Gemälde wurden selbstverständlich von vornherein mit der imponierenden Gestalt des neuen Diktators im Mittelpunkt konzipiert. Die Partei des Diktators erließ eigens hierfür eine Anordnung, die Geheimpolizei überwachte deren Befolgung.

Einige Schwierigkeiten bereitete den Propagandisten der Umstand, daß der neue Diktator nicht verheiratet war. Man erfand schließlich eine Geliebte, die ihm der unerbittliche Tod im blühenden Alter von einundzwanzig Jahren entrissen hatte. Auf dem Zentralfriedhof richtete man ein entsprechendes Grab her und fotografierte den neuen Diktator, als er ohne Aufhebens und mit gramumflortem Auge einen Blumenstrauß auf den Grabhügel der verlorenen Geliebten legen wollte. "Er ist so um das Grab besorgt", sagte der Friedhofsgärtner in einem Interview.

Leider hatten die gründlichen Bemühungen der Propagandisten nur einen kurzen Erfolg. Kaum hatte man nämlich den neuen Diktator im Herzen des Volkes installiert, da wurde er gestürzt – von einem anderen Diktator. Und so begann alles von vorn.

DIE REISE DES DIKTATORS

Der große Diktator bereitete sich wieder einmal für eine Reise ins Ausland vor. Er wußte, daß er nicht erwünscht war, aber das bekümmerte ihn nicht. Im Gegenteil, es verlieh ihm ein Gefühl des Stolzes, daß man ihn einlud, mit Widerstreben und nach zähen diplomatischen Verhandlungen, ja, daß er es sich sogar leisten konnte, sich selber einzuladen. Es war, immer wieder, ein Triumph ohnegleichen, wenn er einen großen Bahnhof hatte und die Front einer Ehrenkompanie abschreiten konnte, wenn sich die Reporter in Scharen um ihn drängten, um ein paar Worte von ihm aufzuschnappen, wenn die Fotografen ihn von allen Seiten blitzten, wenn er in ein Mikrophon reden und vor den Fernsehkameras einen Auftritt haben durfte. Und dann war ja auch noch das Volk da, das in den Straßen, die er durchfuhr, Spalier bildete und Fähnchen schwenkte oder auch nur neugierig herumstand oder gar Transparente mit feindseligen Aufschriften trug und die Fäuste schüttelte.

Der große Diktator genoß die Aufmerksamkeit, die man ihm von allen Seiten entgegenbrachte, auch wenn sich Haß oder Abscheu darin mischten oder wenn es reine Geschäftemacherei war, derentwegen man sich um ihn bemühte, ihm Bonmots zu entlocken suchte, ihn zu Banketten und Besichtigungen einlud.

Wenn der große Diktator nach einem solchen Tag ganz für sich allein, in seinem Hotelzimmer oder im Arbeitszimmer seiner Botschaft war, dann lachte er oft aus vollem Hals über diese Idioten von Staatsmännern, Handelskammerpräsidenten, Reportern und Kameraleuten, die gar nicht merkten, daß sie ihn, den großen Diktator, den sie verabscheuten, populär machten, auch wenn sie sich abfällig über ihn äußerten. Sie verschafften ihm, gewollt oder ungewollt, eine Publicity, die er sich selber nie, auch nicht mit dem riesigen und allmächtigen Propagandaapparat seiner Partei, hätte jemals verschaffen können.

Und nun war es wieder soweit. Mit seinen engsten Beratern besprach der Diktator noch einmal die genauen, auf die Mentalität des heimzusuchenden Gastlandes abgestellten Pläne, ließ sich noch einmal über die Direktiven seiner fünften Kolonne informieren und probte seine Auftritte wie ein Schauspieler durch. Er hatte sich ein paar volkstümliche Redensarten ausgedacht und Gags ersinnen lassen, die er seinen Genossen mit viel Vergnügen vorführte. Im Vorgefühl eines neuen Triumphes über diese Ausländer, die ihm aus Naivität oder Dummheit oder Profitsucht zu immer neuen Erfolgen verhalfen, rieb er sich vergnügt die kräftigen Pranken und trank mit seinen Genossen ein paar scharfe Sachen auf den endgültigen Sieg, dem sie mit dem bevorstehenden Auslandsbesuch wieder ein Stück näher kommen würden.

Aber diesmal kam alles anders. Zwar wurde der große Diktator, nachdem er aus der Tür des Flugzeugs getreten war, nach allen Seiten gewinkt hatte und die Treppe mit Würde hinuntergekommen war, vom Präsidenten des Gastlandes mit Handschlag und Lächeln begrüßt, zwar wurden die Nationalhymnen intoniert, durfte er eine Ansprache vorlesen und die Front der Ehrenkompanie abschreiten, aber das war auch alles. Es waren keine Reporter da, die ihn sonst wie hungrige Wölfe zu überfallen pflegten, niemand schoß einen Fotoblitz auf ihn ab, keine Fernsehkamera surrte.

Sie boykottieren mich, dachte der große Diktator grimmig, doch es wird ihnen nichts nützen, es ist ja noch das Volk da. Aber auch das Volk, sonst so neugierig und sensationslüstern, war nicht erschienen, weder am Rande des Flugfeldes noch in den Straßen, die das Auto des Diktators auf dem Weg zu seiner Botschaft durchfuhr. Sogar die Leute mit den feindseligen Transparenten fehlten. Der Diktator hatte nicht eine einzige Gelegenheit, das eingeübte Winken mit beiden Händen und sein volkstümliches Lächeln anzubringen.

Voller Wut wandte sich der Diktator an seinen Botschafter und begehrte zu wissen, was da los sei. Der Botschafter wußte es nicht, er war selber überrascht. Ob man der Öffentlichkeit seine Ankunft verschwiegen habe, fragte der Diktator weiter. Nein, erwiderte der Botschafter, sie sei bekanntgegeben worden, allerdings nur in wenigen Zeilen, ohne jeden Kommentar, und es seien weder Begrüßungs- noch Hetzartikel erschienen.

Der Diktator war verstört. Es konnte doch nicht sein, daß die Leute in diesem Land sich zu einer solidarischen Front gegen ihn zusammengeschlossen hatten. Bisher hatte man stets mit Erfolg auf die Uneinigkeit der anderen spekuliert. Der Diktator rannte in den Räumen seiner Botschaft umher und wartete auf Anrufe. Aus langjähriger Erfahrung wußte er, daß es in jedem Land geschäftstüchtige Kaufleute und linksgedrallte Intellektuelle gab, die ihn hofierten. Aber auch diese kamen nicht. Das Telefon blieb stumm.

Am nächsten Morgen stürzte sich der Diktator auf die Zeitungen, aber er fand in ihnen nichts als eine kurze Meldung über seine Ankunft, kein Bild, keinen Kommentar, nicht einmal einen Schmähartikel oder eine gehässige Anekdote. „Das ist eine Verschwörung!" schäumte der Diktator. „Aber ich werde den Boykott, den sie über mich verhängt haben, durchbrechen." Er verließ die Botschaft durch den Hinterausgang und begab sich zu Fuß in die Stadt.

Er erlebte eine neue Überraschung. Obwohl sein Kopf weltberühmt oder besser gesagt weltberüchtigt war, nahm niemand von ihm Notiz. Die Leute gingen ihres Weges und ließen sich in ihrer Arbeit nicht stören. Es gelang dem Diktator nicht, auch nur einen einzigen Auflauf zu verursachen. Deprimiert nahm er schließlich ein Taxi und ließ sich in seine Botschaft fahren. Auch der Taxifahrer würdigte ihn keines Blickes.

Der Besuch des Diktators verlief wie vereinbart, mit Besprechungen und Besichtigungen, aber darüber hinaus vermochte er keine Plattform zu besteigen, von der aus er eine seiner gewohnten Propagandareden halten konnte. Er sah schließlich ein, daß er den eigentlichen Zweck seiner Reise verfehlt hatte und kehrte vorzeitig in sein Land zurück, mit der Erkenntnis, daß diese verdammten Ausländer nun doch zu wissen schienen, wie sie ihn zu behandeln hatten.

In seinen Zeitungen ließ der Diktator selbstverständlich schreiben, daß die Reise ein außergewöhnlicher Erfolg gewesen sei und sein internationales Ansehen einmal mehr unter Beweis gestellt habe.

DER AUFPASSER

Es ist nicht sicher, wer wen mehr fürchtete, die Genossen Lehrer den Genossen Iwan Iwanowitsch Lepidow oder der Genosse Iwan Iwanowitsch Lepidow die Genossen Lehrer. Die Genossen Lehrer gehörten einer Delegation an, der eine Studienreise in die Vereinigten Staaten zu unternehmen erlaubt worden war, der Genosse Lepidow hingegen war Geheimpolizist und hatte die Aufgabe, darauf zu achten, daß sich kein Genosse von der Gruppe entfernte, sich bei Banketten nicht betrank und sich nicht zu antisowjetischen Äußerungen provozieren ließ. Genosse Lepidow schwitzte Blut und Wasser, wenn er — im Gedränge auf dem Broadway oder in den unübersichtlichen Räumen des Guggenheim Museums — einen der Genossen Lehrer vorübergehend aus den Augen verlor. Zwar hatte das Kulturministerium eine sorgfältige Auswahl getroffen, jeder der Genossen Lehrer war auf Herz und Nieren geprüft, bei keinem von ihnen bestand auch nur der leiseste Zweifel an seiner Loyalität gegenüber dem Sowjetstaat, aber wer kann schon einem Menschen ins Gehirn blicken, hat es doch eine Vielzahl von Fällen gegeben, in denen ein getreuer Sohn der Partei plötzlich zum Klassenfeind überlief und Memoiren schrieb, in denen er Geheimnisse ausplauderte. Deshalb war es notwendig, auch dieser Delegation einen Bewacher mitzugeben und darüber hinaus jeden Delegationsteilnehmer zu verpflichten, auf die anderen zu achten und jede verdächtige Beobachtung sofort zu melden. Mißtrauen ist immer noch das beste Mittel, eine Delegation zusammenzuhalten. Jeder fühlt sich stets bespitzelt, und genau dieser Effekt ist notwendig, um eine Delegation wieder vollzählig im Vaterland der Werktätigen abzuliefern.

Genosse Lepidow befand sich deshalb immerfort in einem Zustand äußerster Spannung und geriet außer sich, wenn einer der Genossen Lehrer zum Beispiel den Wunsch äußerte, einer Veranstaltung fernzubleiben und statt dessen auf eigene Faust einen Spaziergang durch die Straßen der amerikanischen Stadt New York zu unternehmen. Jeder Geheimpolizist kennt die Gefahren, die in dieser Hochburg des Kapitalismus auch auf ideologisch gefestigte Genossen lauern, sie erstrekken sich von den potemkinschen Auslagen in den Schaufenstern bis zu Mädchen, deren Geld für züchtige Gewänder nicht reicht und die sich daher nur unzureichend bedecken können. Zwar waren alle zehn Genossen Lehrer verheiratet und hatten ihre Frauen und Kinder als Geiseln zurücklassen müssen, aber hatte man nicht schon erlebt, daß Sowjetbürger dennoch in den Westen geflohen waren?

Alle Genossen verhielten sich indes so, wie man es von ihnen erwartete, das jedoch war, davon war Genosse Lepidow fest überzeugt, der beste Beweis dafür, daß ein Absprung vorbereitet wurde. Aber wer hatte diese Absicht? Er verwickelte jeden Genossen einzeln in verfängliche Gespräche und tat provokatorische Äußerungen wie „Manches ist hier gar nicht so übel", aber das brachte ihn keinen Schritt weiter. Keiner seiner Schutzbefohlenen verfing sich in dem Netz, das Genosse Lepidow auslegte.

Je länger der Aufenthalt in den gefährlichen Staaten dauerte, um so nervöser wurde Genosse Lepidow. Immerhin gelang es ihm, durch ständige Drohungen, seine Leute zusammenzuhalten — während des Tages. Aber die Nächte, die Nächte! Es wäre zweckmäßig gewesen, die zehn Genossen Lehrer in einem großen Schlafsaal unterzubringen, dessen Fenster vergittert und dessen Türen fest verschlossen waren, aber leider gab es im „National Hotel" einen solchen Raum nicht. Kein Wunder also, daß Genosse Lepidow nachts keine Ruhe fand. Sobald eine Tür auf dem Flur ging, flitzte er auch auf den Flur, um nachzusehen, ob nicht einer der Genossen Lehrer sein Zimmer verließ.

„Ich kann nicht mehr!" stöhnte Genosse Lepidow eines Nachts, als auf dem Flur, an dem die Zimmer der Genossen Lehrer lagen, ein besonders lebhafter Verkehr herrschte. „Ich muß etwas tun, bevor es zu spät ist", dachte er. Und er unternahm etwas. Während die Genossen Lehrer schliefen oder wenigstens so taten, kleidete sich Genosse Lepidow mit fliegenden Händen an, schlich den Korridor entlang wie ein Hoteldieb, fuhr zitternd mit dem Lift nach unten und erkundigte sich mit bebender Stimme nach dem nächsten Polizeirevier. Es lag drei Querstraßen weiter.

Genosse Iwan Iwanowitsch Lepidow rannte, als wäre eine ganze Meute hinter ihm her. Atemlos stürzte er in das Polizeirevier.

„Was kann ich für Sie tun, Sir?" fragte der diensthabende Sergeant.

Genosse Lepidow rang nach Luft, kratzte dann sein Englisch zusammen und stieß schließlich heraus: „Ich ... ich bitte um politisches Asyl!"

OPPOSITION IM URWALD

Genosse Tscherbakin war auf Freundschaftstournee in Afrika. In einer Zeit, da bekanntlich die kommunistische Internationale in zwei große Blöcke und zahlreiche Gruppen und Grüppchen gespalten ist, von denen jede die einzige seligmachende, wahre, reine Lehre Karl Marxens und ihre Exegese zu verwirklichen behauptet, in einer solchen Zeit ist es sehr nötig, sich der unverbrüchlichen Treue der Bruderparteien in regelmäßigen Abständen zu versichern. Deshalb war Genosse Tscherbakin in Marsch gesetzt worden. Er hatte den Auftrag, brüderliche Grüße zu überbringen, nebenbei nach dem Rechten zu sehen und dort, wo es nötig war, ein Scherbengericht abzuhalten, mit Entwicklungshilfe zu winken oder mit deren Entzug zu drohen.

So traf Genosse Tscherbakin eines Tages auch in Owambanesien ein, einem Staat, der sich gerade erst aus den Klauen des räuberischen Imperialismus befreit hatte und dessen Führer noch unschlüssig waren, welchem der vielen Blöcke und Blöckchen sie sich anschließen sollten. Sie warteten auf Angebote und waren bereit, dem Meistbietenden den Zuschlag zu erteilen. Genosse Tscherbakin verhandelte, wie er es gelernt hatte, zäh und hinhaltend, zumal ihm der owambanesische Sozialismus einige höchst merkwürdige Züge aufzuweisen schien. Immerhin, in den Vereinten Nationen zählte jede Stimme, ohne Rücksicht auf ihre Tonlage, deshalb taktierte Genosse Tscherbakin äußerst vorsichtig. Er reiste im Lande umher, besuchte die Parteiorganisationen und hielt ganz nebenbei auch nach Bodenschätzen Ausschau.

So gelangte Moskaus Emissär schließlich auch nach Katullah, einem Kral inmitten des Urwalds. Die Owambanesier, die hier wohnten, waren primitive Menschen, dennoch gab es eine starke Ortsgruppe der KPO, der Kommunistischen Partei Owambanesiens. Ihr Vorsitzender war ein riesiger Kerl namens Bomoko, er hatte ein Kannibalengebiß und eine große Schar Weiber. Genosse Tscherbakin fand den Genossen Bomoko sehr abstoßend, sowohl was sein Äußeres als auch was seine Lebensgewohnheiten betraf. Dennoch begrüßte er ihn mit ausgesuchter Höflichkeit, umarmte ihn, küßte ihn auf beide Wangen und hielt auf dem Palaverplatz seine eingelernte Rede, die zwar niemand verstand, die aber dennoch mit Beifall aufgenommen wurde, zumal der Genosse aus dem fernen Land über eine sonore Stimme und eindrucksvolle Gesten verfügte. Vielleicht spielten auch die Gastgeschenke, die Bomoko in feierlicher Zeremonie vor den Katullahianern überreicht worden waren, eine gewisse Rolle. Es handelte sich um Textilien aus Überplanbeständen, die selbst im tiefsten Kasachstan keine Abnehmer mehr gefunden hatten.

Während die Bewohner von Katullah damit beschäftigt waren, die Gastgeschenke des großen sowjetischen Brudervolkes zu besichtigen, zu befühlen und schließlich anzuproben, hatte Genosse Tscherbakin mit seinem schwarzen Genossen eine ernste Unterredung.

„Du weißt, Genosse Bomoko", begann er, „daß die Partei in eurer Hauptstadt eine unklare Haltung einnimmt. Hier in Katullah allerdings glaube ich bemerkt zu haben..."

„Oh, was das betrifft, werter Genosse", beeilte sich Genosse Bomoko einzuwerfen, „so kannst du ganz beruhigt sein. Unsere Katullaher Parteiorganisation hält den Moskauer Kurs, welch seltsamen Verlauf er auch nimmt, strikt ein, Revisionisten, Dogmatisten, rechte und linke Abweichler, Sektierer, Maoisten, Titoisten, Trotzkisten und ähnliche Elemente haben bei uns nichts zu suchen."

„Das ist sehr gut", lobte Genosse Tscherbakin. „Mit anderen Worten: bei euch in Katullah gibt es keine Opposition."

Genosse Bomokos Gesicht verdüsterte sich ein wenig. „Ich habe die Opposition leider noch nicht ganz ausrotten können. Dieser Kipchonge und seine Brüder bereiten mir ernstlich Sorgen", erwiderte er und stieß einen tiefen Seufzer aus. „Früher wären wir ganz schnell mit ihnen fertig geworden, indem wir sie aufgegessen hätten, aber heute im Zeichen der innerparteilichen Demokratie ist das wohl nicht mehr ganz angebracht."

Genosse Tscherbakin überhörte taktvoll die Bemerkung. „Wie aber ist es möglich", fragte er weiter, „daß hier, mitten im Urwald, oppositionelle Strömungen entstehen?"

Genosse Bomoko lächelte breit. „Oh, die Erklärung ist sehr einfach, werter Genosse. Die drei können lesen."

LINIENTREUE

Es war schon ziemlich spät, als der hohe Funktionär aus der Zentrale in einem Dorf zwischen Kursk und Charkow anklopfte. Der Schnee hatte unerwartet einen gewaltigen Wall errichtet. Der Funktionär fluchte, stieg aus dem Zug und suchte den Parteisekretär auf.

„Ich kann heute nicht mehr weiter, Genosse", sagte er. „Wo kann ich hier übernachten?"

„Bei mir", antwortete der Sekretär. „Auf der Ofenbank ist noch Platz."

„Meinetwegen", brummte der Funktionär, dann legte er seine große Aktentasche auf den Tisch und blickte den Sekretär fest an. „Ich habe wichtige Dokumente bei mir", sagte er geheimnisvoll. „Haben Sie einen verschließbaren Schrank?"

„Gewiß, Genosse", antwortete der Sekretär eifrig und deutete in eine dunkle Ecke.

Der Funktionär besah und beklopfte den Schrank, drehte den Schlüssel herum und zurück und öffnete die Tür. „Na ja", meinte er, „für eine Nacht wird er wohl halten."

Als er seine Tasche in den Schrank legen wollte, rief der Sekretär: „Halt! Sie dürfen Ihre Tasche nur vor Zeugen in den Schrank legen, Genosse!"

„Ist nicht nötig", entgegenete der Funktionär barsch.

Der Sekretär bestand jedoch auf seinem Verlangen. Der Funktionär gab nach. So wurden der Vorsitzende des Dorfsowjets, der Vorsitzende des Komsomol und der Milizionär herbeigeholt.

„Seht, Genossen", sagte der Sekretär, „dieser Bürger aus Moskau übergibt mir seine Tasche zur Aufbewahrung. Ich lege sie vor euren Augen in meinen Schrank und schließe ihn ab. Ihr seid Zeugen!"

„Wir sind Zeugen!" sagten die Genossen und nickten mit ihren runden Köpfen. Dann gingen sie wieder nach Hause.

Am nächsten Morgen verlangte der Funktionär seine Tasche zurück.

„Welche Tasche?" fragte der Sekretär erstaunt.

„Sie sind wohl nicht ganz nüchtern, Genosse Sekretär!" brauste der Funktionär auf. „Ich habe Ihnen doch gestern abend meine Tasche zur Aufbewahrung gegeben, eine große, dunkelbraune, prall gefüllte Tasche. Und Sie haben sie in Ihren Schrank eingeschlossen."

Der Sekretär schüttelte verwundert den Kopf. „Ich weiß von keiner Tasche", entgegnete er.

„Schließen Sie sofort den Schrank auf!" befahl der Funktionär.

„Ich denke gar nicht daran", widersprach der Sekretär. „Das würde gegen die sozialistische Wachsamkeit verstoßen. In diesem Schrank befinden sich nämlich alle Unterlagen über unsere Produktion an Mais und Rüben, über den Wegebau, über den Viehaufzuchtplan... Vielleicht sind Sie ein Spion, ein Agent oder so was."

„Sie sind wahnsinnig!" schrie der Funktionär.

„Ich verbitte mir das!" schrie der Sekretär zurück. „Ich habe Ihnen Obdach gewährt, und jetzt behaupten Sie... Es ist unerhört!"

„Ja, es ist unerhört!" brüllte der Funktionär. „Wenn Sie nicht sofort meine Tasche herausgeben..."

Der Sekretär schüttelte den Kopf wie über einen Verrückten. „Sicher haben Sie komisch geträumt. Sonst würden Sie nicht eine solche Behauptung aufstellen."

Der Funktionär stampfte wütend auf, dann wurde er ruhig und lächelte überlegen. „Ich habe Ihnen diese Tasche vor Zeugen übergeben..."

„Vor Zeugen?" fragte der Sekretär ungläubig. „Da bin ich aber gespannt. Was sollen denn das für Zeugen sein?"

„Der Vorsitzende des Dorfsowjets, der Vorsitzende des Komsomol und der Milizionär", antwortete der Funktionär. „Lassen Sie die Leute holen."

„Meinetwegen", gab der Sekretär nach.

Wenige Minuten später erschienen die drei Männer.

„Dieser Bürger behauptet, mir gestern abend eine Tasche übergeben zu haben", sagte der Sekretär. „Und ihr seid angeblich Zeugen dieser Übergabe gewesen. Wißt ihr etwas davon?"

„Nein!" riefen die Zeugen und schüttelten die Köpfe. „Wir haben diesen Mann noch niemals gesehen."

„Aber erinnert euch doch!" beschwor sie der Funktionär.
„Gestern abend, in dieser Stube, eine große, dunkelbraune Tache."

„Wir wissen von keiner Tasche", sagte der Vorsitzende des Dorfsowjets.

„Ein armer Irrer", sagte der Vorsitzende des Komsomol.

„Ein Staatsfeind", sagte der Milizionär.

„Ist es nicht eine Unverschämtheit ohnegleichen, mich, den Sekretär unserer ruhmreichen Partei, einer Unterschlagung zu bezichtigen?" fragte der Sekretär.

„Jawohl!" riefen die Zeugen. „Eine imperialistische Unverschämtheit!"

Der Sekretär nickte den drei Männern wohlwollend zu. „Ich danke euch, Genossen. Geht wieder an eure Arbeit."

Als die Zeugen gegangen waren, öffnete der Sekretär den Schrank und entnahm ihm die Tasche. „Hier ist Ihre Tasche, Genosse."

Der Funktionär war einige Sekunden sprachlos. „Weshalb haben Sie denn... Ich verstehe einfach nicht..."

Der Sekretär lächelte vertraulich und stolz. „Ich wollte Ihnen nur einmal zeigen, wie linientreu die Leute in meinem Dorf sind. Sie mißtrauen eher ihren eigenen Augen und Ohren als der Partei."

DAS SCHISCHKIN-PRINZIP

Genosse Petrow und Genosse Schischkin hatten sich ein Zimmer zu teilen. Da sie ihre geheimen Gedanken sorgfältig hüteten und nur redeten, was in der „Prawda" gedruckt war, kamen sie recht gut miteinander aus, bis auf die Tatsache, daß Genosse Schischkin schnarchte. Genauer gesagt: Genosse Petrow behauptete, daß Schischkin schnarchte. Nun ist in der Sowjetunion Schnarchen zwar kein Verbrechen, doch stört es den Kollektivschlaf und mithin die Ruhe müder Genossen, was ihrer dem Staate gehörenden Arbeitskraft unzuträglich ist. Deshalb bestritt Genosse Schischkin entschieden zu schnarchen, als verdächtigte man ihn irgendwelcher Abweichungen oder gar konterrevolutionärer Umtriebe.

„Ich schnarche nicht!" behauptete er.

„Du schnarchst!" entgegnete Genosse Petrow. „Ich höre es doch, Nacht für Nacht."

„Ich höre es nicht", widersprach Genosse Schischkin. „Und was ich nicht selber höre, kann ich auch nicht glauben. Ich darf es nicht einmal, es sei denn, das Zentralkomitee hat etwas für mich mitgehört."

Für Genosse Petrow war die Sache damit nicht abgetan, schnarchte Genosse Schischkin doch weiter Nacht um Nacht. Welche Möglichkeiten, überlegte Genosse Petrow, gibt es, einem Menschen zu beweisen, daß er schnarcht? Ihn zu wecken und ihm zu sagen: „Du schnarchst" hat keinen Sinn, denn wenn er erwacht, schnarcht er ja nicht mehr. Glücklicherweise gibt es aber die Technik, deshalb lieh sich Genosse Petrow ein Tonbandgerät, als Genosse Schischkin wieder einmal eine uralte sibirische Eiche durchschnarchte.

Am nächsten Morgen ließ Genosse Petrow das Tonband ablaufen. Genosse Schischkin hörte zu, dann fragte er: „Was ist das?"

Genosse Petrow antwortete triumphierend: „Das warst du!

Glaubst du nun ..."

„Nein!" erklärte Genosse Schischkin energisch. „Ich glaube gar nichts! Das Tonband ist doch kein Beweis! Weiß ich, wann und wo du dieses Schnarchen aufgenommen hast?"

„Heute nacht zwischen ein und zwei Uhr", antwortete Petrow.

„Du kannst mir viel erzählen", zischte Genosse Schischkin. „Ja, wenn ich selber Zeuge dieser Aufnahme gewesen wäre..."

„Aber das ist doch unmöglich!" rief Genosse Petrow verzweifelt. „Denn wenn du als Zeuge dabeigewesen wärst, dann hätte ich diese Aufnahme ja nicht machen können."

„Eben", sagte Genosse Schischkin gelassen. „Und da ich nur glaube, was ich selber höre, ist dein Tonband für mich kein Beweis."

Genosse Petrow schwieg, aber die Idee, dem Genossen Schischkin zu beweisen, daß er schnarche, ließ ihn nicht mehr los. Deshalb bat er eines Nachts den Genossen Kusnezow ins Zimmer, ließ den Genossen Schischkin das Tonband ausgiebig beschnarchen und hierauf Kusnezow seinen Namen, Nikita Sergejewitsch Kusnezow, und die genaue Uhrzeit darauf sprechen.

Genosse Petrow war sicher, nun einen Beweis zu haben, den Genosse Schischkin anerkennen mußte. Aber Genosse Petrow irrte.

Genosse Schischkin hörte sich die Tonbandaufnahme an, dann aber erklärte er: „Das ist für mich noch lange kein Beweis!"

„Aber der Zeuge!" rief Genosse Petrow.

„Bah, Zeuge", entgegnete Genosse Schischkin verächtlich. „Was haben Zeugenaussagen schon für einen Wert."

„Soll ich ihn herbeiholen?" fragte Genosse Petrow eifrig.

„Spar dir die Mühe", wehrte Genosse Schischkin ab. „Ich kann nur wiederholen, was ich schon immer gesagt habe. Solange ich nicht bei einer solchen Aufnahme dabei bin..."

Genosse Petrow gab auf. Irgendwie aber drang dieses hervorragende juristische Verhalten des Genossen Schischkin bis nach ganz oben, wo die führenden Genossen saßen. „Das ist unser Mann", sagten sie erfreut und beriefen sofort Genossen Schischkin in den diplomatischen Dienst. Man spricht sogar davon, daß er Aussicht habe, eines Tages Außenminister oder doch wenigstens Delegationsleiter bei der UN zu werden.

RÜCKSTÄNDIGKEIT

Der Funktionär war von einer Studienreise wieder in seine Heimatstadt, zwischen Kasan und Astrachan, zurückgekehrt.

„Wie glücklich können wir sein", sagte er zu seinen Genossen, „daß wir in der großen Sowjetunion, dem Vaterland aller Werktätigen, leben dürfen. Ihr wißt ja gar nicht, liebe Genossen, wie schwer das Leben der Menschen in den kapitalistischen Ländern ist."

„Erzähl doch mal, Brüderchen", baten die Genossen.

„Gern", sagte der Funktionär. „Zum Beispiel, ein ganz einfaches Beispiel... Also wenn ihr ein paar Schuhe kaufen wollt, wie einfach habt ihr es da. Unsere sozialistische Wirtschaft sorgt dafür, daß ihr bei einem solchen Einkauf keine Zeit zu verlieren braucht. Ihr habt nicht nötig, euch den Kopf zu zerbrechen — es gibt ja nur eine Art Schuhe, und sie sind in jedem Laden zum gleichen Preis zu haben. In einem kapitalistischen Land jedoch..."

„Wie ist es denn da?" erkundigten sich die Genossen.

„Schrecklich", antwortete der Funktionär, „einfach schrecklich. So viele Sorten von Schuhen haben sie da, daß die Leute ganz wirr im Kopf werden davon, sie laufen von einem Laden zum anderen und suchen und wählen und beraten sich und vergleichen die Preise und am Ende kaufen sie doch ein Paar, irgendeines."

„Furchtbar", sagten die Genossen. „Und da trägt womöglich jeder..."

„Richtig", bestätigte der Funktionär. „Die Leute sind ganz uneinheitlich gekleidet. Der eine trägt schwarze, der andere hellbraune, wieder ein anderer dunkelbraune oder graue oder rotbraune Schuhe; auch blaue und grüne habe ich gesehen. Und mal sind sie aus Rindleder, mal aus Wildleder oder aus Kalbleder, dann haben sie welche zum Schnüren und welche, die ohne Schnürsenkel zu tragen sind, solche mit dünnen Sohlen und hunderterlei Formen... Der Partei sei Dank, daß wir diese chaotischen Zustände überwunden haben."

„Der Partei sei Dank!" wiederholten die Genossen im Chor. „Und was hast du sonst noch gesehen, Brüderchen?"

„Ich habe vor allem eins festgestellt", antwortete der Funktionär. „Die Menschen in den kapitalistischen Ländern kennen die Freude nicht mehr. Wie ist das bei uns? Nicht wahr, Genossen, es ist doch eine Freude, wenn es einmal Rasierklingen gibt oder Glühbirnen oder Schnürsenkel?"

„Eine große Freude!" bestätigten die Genossen.

„Seht ihr", fuhr der Funktionär fort, „solche Freude kennen die armen Menschen in den kapitalistischen Ländern nicht. Von allen diesen Dingen ist so viel da, daß sie in den Läden herumliegen. Die Menschen gehen einfach hinein und kaufen, ohne irgendwelche Freude dabei zu empfinden. Wie findet ihr das?"

„Entsetzlich!" stöhnten die Genossen. „Wie ertragen die Menschen dieses Leben nur?"

„Ja", sagte der Funktionär und hob die breiten Schultern, „wohl nur indem sie hoffen, eines Tages sowjetisch regiert und unserer Errungenschaften teilhaftig zu werden. Und dann die Zeitungen! Jede hat eine andere Meinung! Ich habe euch eine mitgebracht, damit ihr mal..."

In diesem Augenblick ging das Licht aus. Die Glühfäden der Birne schimmerten noch ein paar Sekunden lang, dann war es ganz finster.

„Stromsperre!" riefen die Genossen.

„Ja, seht ihr, das ist auch so ein Beispiel!" rief der Funktionär aus. „In einem kapitalistischen Land haben sie immer Strom, zu jeder Tages- und Nachtzeit. Bei uns war das auch einmal so, aber wir haben uns weiterentwickelt. Wir können uns zu gewissen Stunden am traulichen Schein der Kerzen oder der Öllampen erfreuen, und zwar durch unsere Erfindung der Stromsperre, während die Menschen in den kapitalistischen Ländern ständig dem grellen Licht ausgesetzt sind. So rückständig sind sie dort!"

„So schrecklich rückständig", seufzten die Genossen sehnsuchtsvoll...

PROFESSOR DYMSCHITZ STELLT KONTAKTE HER

Auf dem Rückflug von New York nach Moskau saß Professor Dymschitz, Ordinarius für pathologische Anatomie, neben Professor Kalinnikow, Ordinarius für angewandte Sozialwissenschaften.

„Solch eine Studienreise ist höchst interessant, sowohl was die Menschen, als auch was das Land und die wissenschaftlichen Einrichtungen betrifft", sagte Professor Dymschitz, „aber es ist auch höchst anstrengend. Ich genieße es sehr, still dazusitzen, in die Wolken zu blicken und eine Rede weder halten, noch mitanhören zu müssen."

Professor Kalinnikow hatte eine Hand gehoben wie jemand, der einen Einwand vorzubringen hat, aber höflich wartet, bis der andere ausgeredet hat. „Ich kann Ihnen nicht in allen Punkten zustimmen, Genosse Dymschitz", sagte er. „Anstrengend ist eine solche Reise gewiß, auch interessant, was die Universitätsinstitute angeht, aber die Menschen, die Menschen finde ich höchst langweilig."

„Ich vermag Ihre Ansicht nicht zu teilen", wandte Professor Dymschitz ein, „ich habe mich mit den amerikanischen Kollegen glänzend unterhalten, ich finde sie aufgeschlossen, gar nicht konventionell..."

Professor Kalinnikow blickte seinen Nachbarn mißtrauisch an. „Es ist mir aufgefallen, Genosse Dymschitz", sagte er langsam, als wäge er jedes Wort, „daß Sie mit den Amerikanern stets bereits nach kurzer Zeit ins Gespräch kamen und zwar in sehr aufgelockerter, ja, in, wie ich sagen muß, geradezu freundschaftlicher Art. Oder irre ich mich, Genosse Dymschitz?"

„Sie irren sich keineswegs, Genosse Kalinnikow", gab Professor Dymschitz ohne weiteres zu.

„Ich sage das selbstverständlich nicht, um Ihnen irgendwelche diversante Absichten zu unterstellen", fuhr Professor Kalinnikow fort, „sondern... Ich habe ebenfalls versucht, Kontakte mit den amerikanischen Professoren und Dozenten aufzunehmen, aber es ist mir, wie ich gestehen muß, nicht oder nur sehr unzulänglich gelungen. Ich glaube auch zu wissen, woran das lag. Diese Amerikaner sind zwar höflich, aber sie haben kein tieferes wissenschaftliches Interesse."

„Sind Sie sich dessen sicher, Genosse Kalinnikow?" fragte Professor Dymschitz. „Sie haben doch auch glänzende wissenschaftliche Vorträge gehört und hervorragende wissenschaftliche Demonstrationen miterlebt..."

„Gewiß", erwiderte Professor Kalinnikow, „aber über ihre Spezialwissenschaft hinaus sind sie Ignoranten, das ist es, was ich an diesen Amerikanern bemängele."

Professor Dymschitz lächelte zurückhaltend. „Auch ich habe Sie bei den Empfängen beobachtet, Genosse Kalinnikow", sagte er. „Und glaube festgestellt zu haben, daß Sie recht isoliert waren."

„Das lag aber nicht an mir!" eiferte sich Professor Kalinnikow. „Sondern einzig an diesen Amerikanern! Ich habe ihnen, um nur ein paar Beispiele zu erwähnen, an Hand unseres letzten Jahrbuches über die Steigerung der Produktion von Kohle, Roheisen und Stahl in der Ukraine berichtet, über die Fortschritte in der Automatisierung unserer Hüttenwerke im Ural, aber diese Amerikaner sind ja keine Spur begeisterungsfähig, sie hörten mir zwar zu, aber mit höflich-gelangweilten Mienen." Er blickte seinen Nachbarn scharf an. „Worüber haben Sie denn mit den Amerikanern geredet, Genosse Dymschitz?"

„Über Eishockey zum Beispiel", antwortete Professor Dymschitz ohne Zögern, „über den Unterschied zwischen Whisky und Wodka, über Frauen..."

Professor Kalinnikow hob entsetzt die Hände. „Über Alkohol, Eishockey und Frauen?" rief er aus. „Aber das hat doch nichts, gar nichts mit Wissenschaft zu tun!"

„Das gebe ich gern zu", erwiderte Professor Dymschitz.

Professor Kalinnikow blickte wie entgeistert auf seinen Nachbarn. „Haben Sie denn nicht versucht, diesen Amerikanern die Beschlüsse des letzten Parteitages der KPdSU zu erläutern?"

„Nein", antwortete Professor Dymschitz. „Statt dessen habe ich mir von den Amerikanern etwas erklären lassen, unter anderem die Regeln des Baseballspieles."

Professor Kalinnikow schwieg, seine Miene drückte Mißbilligung, aber auch Ratlosigkeit aus. Er sann eine Weile vor sich hin, dann nahm er das Gespräch wieder auf. „Ich habe ferner beobachtet, Genosse Dymschitz, daß Sie Bilder herumgezeigt haben. Auch ich habe das getan, aber im Gegensatz zu Ihnen mit meinen Bildern wenig Interesse gefunden..."

„Darf ich fragen, welcher Art Ihre Bilder waren?" warf Professor Dymschitz ein.

„Es waren die allerneuesten Aufnahmen vom Empfang unserer Kosmonauten in Moskau", erwiderte Professor Kalinnikow, „von den neuen Hochhäusern in Perowo und von der Autobahn bei Minsk. Die Amerikaner haben sie angesehen, höflich genickt und sie mir dann ohne ein Wort der Anerkennung zurückgegeben. Es würde mich interessieren, zu erfahren, welcher Art die Bilder waren, die Sie..."

„Das ist kein Geheimnis, Genosse Kalinnikow", sagte Professor Dymschitz rasch. „Es waren Bilder von meiner Frau, meinen Töchtern, meinen Schwiegersöhnen, meinen Enkeln, von meinem Hund und meiner Datscha..."

„Und dafür haben sich die Amerikaner interessiert?" fiel Professor Kalinnikow ihm ins Wort.

„So sehr, daß sie Fragen über Fragen stellten", erwiderte Professor Dymschitz.

Professor Kalinnikow lächelte wie jemand, dem etwas dämmert. „Sie haben übrigens mit den Amerikanern auch herzlich gelacht..."

„Allerdings", gestand Professor Dymschitz ein wenig verlegen. „Wir haben uns nämlich Witze erzählt."

Professor Kalinnikows Miene hellte sich auf. „Wenn ich Sie also recht verstehe, Genosse Dymschitz, haben Sie den Kontakt zu den Amerikanern sozusagen auf der menschlichen Ebene hergestellt."

„So ist es", bestätigte Professor Dymschitz.

Professor Kalinnikow nickte sich selber ein paarmal zu. „Das ist vielleicht auch eine Methode", murmelte er vor sich hin.

TRAUE DEINEN AUGEN NIE

Wenige Wochen, nachdem Nikita Fjodorowitsch Podlogin demobilisiert worden und in seine kleine Stadt zwischen Kasan und Samara zurückgekehrt war, wurde er aufgefordert, im Ortssowjet zu erscheinen. Als er das Zimmer betrat, schlug ihm das Herz bis zum Hals hinauf. Er sah sich nämlich vier Männern gegenüber, die er recht gut kannte – dem Parteisekretär, dem Sekretär des Komsomol, dem Vorsitzenden des Ortssowjets und dem Direktor der Fabrik, in der Podlogin arbeitete. Auch ein Offizier mit grüner Mütze war da. Alle blickten Podlogin streng an.

„Genosse Podlogin", begann der Parteisekretär und wies kurz auf einen Stuhl, „du wirst konterrevolutionärer Propaganda beschuldigt." Podlogin erschrak zunächst. Gleich darauf fühlte er sich aber befreit und lächelte. Konterrevolutionäre Propaganda? Das konnte nur ein Irrtum sein, niemals in seinem Leben hatte er etwas gesagt, das solche Auslegung zuließ. Gedacht, ja, gedacht hatte er mitunter, daß... Aber Gedanken konnten sie ja wohl noch nicht lesen. „Das muß ein Irrtum sein", antwortete er, „niemals habe ich auch nur ein Wort..."

Der Parteisekretär hob die Hand. „Du warst Kraftfahrer bei der sowjetischen Militärmission in der westdeutschen Stadt Frankfurt am Main, nicht wahr?"

Podlogin bestätigte es.

„Gehört diese Stadt zu der von den amerikanischen Imperialisten geleiteten Bundesrepublik Deutschland?" fragte der Parteisekretär weiter.

Podlogin gab es zu.

„Aha!" rief der Parteisekretär. „Und du, Genosse Podlogin, hast also das Leben in diesem verelendeten Teil Deutschlands kennengelernt?"

Podlogin nickte.

„So!" sagte der Parteisekretär und hob drohend den Finger. „Wie kommt es dann, daß du lügnerische Berichte verbreitest?"

Podlogin blickte erstaunt um sich. „Ich habe niemals ..."

Der Parteisekretär unterbrach ihn sofort. „Du hast behauptet, alle Menschen, auch die Werktätigen, in dieser kapitalistischen Stadt wohnen in Steinhäusern und tragen Lederschuhe."

Podlogin nickte wieder. „Allerdings, das habe ich gesagt, denn ich habe es mit meinen eigenen Augen gesehen."

Hier mischte sich der Sekretär des Komsomol ein. „Wir wissen aus der 'Prawda', daß die Menschen in der kapitalistischen Welt mehr und mehr verelenden. Wie könnten sie alle in Steinhäusern wohnen und Lederschuhe tragen? Oder willst du behaupten, daß das Zentralorgan unserer ruhmreichen Partei lügt?"

Podlogin legte eine Hand aufs Herz. „Aber nein, Genosse!"

„Du gibst also zu, daß deine Augen dich getrogen haben?" fragte der Offizier mit der grünen Mütze.

Podlogin schwieg.

„Gibst du es zu?" wiederholte der Offizier eindringlich.

Podlogin nickte.

Jetzt hob der Direktor die Hand. „Du hast ferner behauptet, Genosse Podlogin, daß ein Proletarier in dieser kapitalistisch-imperialistischen Stadt nur eine halbe Stunde zu arbeiten braucht, um für den Lohn dieser halben Stunde ein Pfund Butter zu kaufen. Das ist eine ganz infame Lüge! Denn da bei uns ein Arbeiter einen ganzen Tag für ein Pfund Butter arbeiten muß, würde das ja bedeuten, daß der Lebensstandard bei uns niedriger ist als jener der ausgebeuteten Massen in Westdeutschland. Willst du das wirklich behaupten?"

Podlogin würgte ein „Nein" heraus.

„Du hast noch andere unglaubliche Behauptungen aufgestellt", sagte nun der Vorsitzende des Ortssowjets, „zum Beispiel, daß jeder Bürger im kapitalistischen Ausland eine Fahrkarte kaufen und reisen kann, wohin er will. Woher weißt du das?"

Podlogin blickte zu Boden. „Man hat es mir gesagt", antwortete er kleinlaut.

Der Parteisekretär schüttelte mißbilligend den Kopf. „Und das hast du geglaubt? Ist dir denn nicht klargeworden, daß du einem Agenten auf den Leim gegangen bist, der dich ideologisch verwirren wollte?"

Podlogin sah es ein.

„Und was noch unglaublicher ist", fuhr der Parteisekretär streng fort, „du hast überall erzählt, in dieser Stadt Frankfurt am Main gebe es viele Geschäfte, und in diesen Geschäften gebe es alles zu kaufen, Motorräder, Uhren und Taschenmesser, sogar Schnürsenkel und Streichhölzer und Rasierklingen. Hast du das erzählt oder nicht?"

Podlogin nickte bedrückt. „Allerdings. Aber ich habe es doch mit meinen eigenen Augen gesehen. In allen Straßen sind Geschäfte, Geschäft neben Geschäft, und in jedem Geschäft..."

Der Parteisekretär hieb mit der Faust auf den Tisch. „Schweig!" schrie er. „Was ist das für eine blöde Ausrede! Mit eigenen Augen! Jedem Menschen in der ganzen Welt ist bekannt, daß die sozialistische Produktionsweise, wie wir sie betreiben, der kapitalistischen Produktionsweise weit überlegen ist. Oder ist dir das nicht bekannt, Genosse Podlogin?"

Podlogin nickte.

„Na also!" sagte der Parteisekretär triumphierend. „Was folgern wir aus dieser in aller Welt bekannten Tatsache? Wir folgern daraus, daß es einfach unmöglich ist, daß die Geschäfte in dieser Elendsstadt Frankfurt am Main mehr und bessere Waren haben können als die Geschäfte unserer staatlichen und kommunalen Handelsorganisationen. Siehst du ein, Genosse Podlogin, daß es unmöglich ist?"

Podlogin sah es ein. „Es ist unmöglich", antwortete er, „aber meine eigenen Augen ..."

Der Parteisekretär schüttelte verzweifelt den Kopf. „Mißtraue deinen Augen, Genosse Podlogin, und lies unsere Parteipresse. Wahrscheinlich warst du in jener Zeit dauernd betrunken. Warst du es? Denke genau nach, laß dir ruhig Zeit."

Podlogin blickte in die Gesichter der Versammelten, aber die Gesichter waren verschlossen, alle sahen ihn starr an, als erwarteten sie von ihm eine wichtige Entscheidung. Podlogin seufzte ganz unmerklich, dann sagte er: „Du hast recht, Genosse Parteisekretär, ich muß betrunken gewesen sein."

Der Parteisekretär nickte ihm wohlwollend zu, dann sagte er: „Ich kann also zusammenfassend feststellen, daß die Berichte des Genossen Podlogin falsch waren, einmal weil die Sehkraft seiner Augen stark herabgesetzt ist, zweitens weil er den Lügen eines Agenten aufgesessen ist, drittens weil er während seines Aufenthalts im kapitalistischen Ausland betrunken gewesen ist, und viertens weil er die Berichte der 'Prawda' nicht sorgfältig studiert hat. Ich habe hier eine entsprechende Erklärung vorbereitet und ersuche dich, Genosse Podlogin, sie zu unterschreiben."

Podlogin unterschrieb mit zitternder Hand. Der Parteisekretär nahm den Bogen an sich und sagte: „Es wird dir bei schwerer Strafe untersagt, fortan von deinen Eindrücken zu berichten, nicht etwa, weil es bei uns keine Meinungsfreiheit gibt, sondern weil ein Sowjetmensch nicht lügen darf. Ich schließe die Sitzung."

Podlogin erhob sich schwerfällig, aber der Parteisekretär hielt ihn zurück. Als alle anderen den Raum verlassen hatten, kam er hinter seinem Schreibtisch hervor. „Wir sind jetzt allein, Nikita Fjodorytsch", sagte er vertraulich, „erzähle mir doch ein bißchen von dieser kapitalistischen Stadt. Wie ist das? Geschäft neben Geschäft? Und alles gibt es zu kaufen? Und die Verkäufer sind freundlich? Und sauber ist es in den Läden? Hast du das wirklich selbst gesehen?"

Podlogin rückte unruhig auf seinem Stuhl hin und her. „Ich möchte lieber nicht..." begann er, aber der Parteisekretär legte ihm eine Hand auf die Schulter.

„Bitte, Brüderchen", bat er, „bitte, erzähl mir doch davon. Ich las schon immer so gern Abenteuerbücher, Robinson, Jules Verne und so, aber noch niemals habe ich mit jemandem gesprochen, der solche Abenteuer auch wirklich erlebt hat."

Podlogin erzählte, der Parteisekretär hörte verzückt zu. Als Podlogin geendet hatte, sagte er: „Höllisch interessant! Aber merk dir, Nikita Fjodorytsch, rede niemals in der Öffentlichkeit, im Betrieb oder in der Partei darüber, was du mit eigenen Augen gesehen hast. Sprich nur über das, was in der 'Prawda' steht. Verstehst du?"

Podlogin verstand und verließ das Zimmer. Er ging den Korridor entlang und sah sich plötzlich umringt, vom Sekretär des Komsomol, vom Vorsitzenden des Ortssowjets, vom Werksdirektor und vom Offizier mit der grünen Mütze. „Wir sind jetzt unter uns, Nikita Fjodorytsch", sagten sie. „Bitte, erzähl uns doch mal..."

SCHACHMATT

Als Sergej Papkin eine Viertelstunde gewartet hatte, wurde er unruhig, noch unruhiger, als er ohnehin war. Seit ihm die Aufgabe übertragen worden war, die Schachspieler Lowkin und Wajnstajn zum Internationalen Schachturnier in Los Angeles zu begleiten, offiziell als Berater, inoffiziell als Geheimpolizist, der für das ideologische Wohlbefinden seiner Schützlinge zu sorgen und sie vor den Versuchungen der verfaulenden kapitalistischen Welt zu bewahren hatte — seitdem befand sich Sergej Papkin ununterbrochen in einem Zustand äußerster nervöser Spannung.

Es ist ja auch keine leichte Sache, zwei intelligente und agile Großmeister des Schachspiels auf Schritt und Tritt zu überwachen, zu verhindern, daß sie allzu freundschaftlichen Kontakt mit der — selbstverständlich feindseligen, agentenwerbenden, konterrevolutionären — Umwelt aufnahmen oder gar Gefallen am *american way of life* fanden. Sergej Papkin schwitzte Blut und Wasser, wenn sie durch dieses riesige Potemkinsche Dorf namens Los Angeles fuhren und die beiden Schachmeister voller Bewunderung auf die zahllosen Autos, die schönen Frauen, die riesigen Wolkenkratzer, die prächtigen Auslagen in den Geschäften blickten. Sie schienen wahrhaftig der Meinung zu sein, daß all das, was sie sahen, das wirkliche Leben Amerikas war. Es nutzte wenig, daß Sergej Papkin ihnen immer wieder sagte, alles sei nur zielbewußte Täuschung, Schwindel, Filmkulisse. Zwar widersprachen Lowkin und Wajnstajn ihm nicht, ihre Mienen bewiesen jedoch allzu deutlich, daß sie ihm nicht so recht glaubten...

Wieder blickte Sergej Papkin auf die Uhr. Siebzehn Minuten waren bereits vergangen, seit die Beiden sich entfernt hatten, um auf die Toilette zu gehen. Siebzehn Minuten, das ist eine Ewigkeit für einen sowjetischen Geheimpolizisten, der auf dem Trockenen, das heißt allein in einer ausländischen

Hotelhalle sitzt und auf seine Schützlinge wartet. Schließlich hielt er es nicht mehr aus und stürmte durch das Vestibül und in die Toilette. Sie war leer. So gründlich und rücksichtslos Sergej Papkin sie auch durchsuchte, er fand Lowkin und Wajnstajn nicht. Völlig niedergeschlagen kehrte er in die Hotelhalle zurück und wartete. Was sonst hätte er auch tun können? Den Konsul, die Botschaft, den KGB alarmieren? Das wäre einer Selbstbezichtigung gleichgekommen, und dazu konnte er sich noch nicht entschließen. Es bestand ja die entfernte Möglichkeit...

Er verbrachte eine furchtbare Nacht, zwischen angespannter Wachsamkeit und hauchdünnem Schlaf mit unzähligen Zigaretten und vielen Tassen Kaffee. Er konnte noch immer nicht glauben, daß Lowkin und Wajnstajn das Vaterland aller Werktätigen schmählich verraten und sich in den Sumpf des Potemkinschen Dorfes Los Angeles gestürzt hatten. Ach, wenn es nur das gewesen wäre! In den Morgenzeitungen war zu lesen, daß zwei berühmte sowjetische Großmeister des Schachspiels um politisches Asyl in den Vereinigten Staaten gebeten hatten.

Sergej Papkin wußte, was es für ihn bedeutete, sofort zurückzukehren. Strenge Verhöre und eine schwere Strafe, womöglich eine freiwillige Selbstverpflichtung, in Karaganda mit unbändigem Tatendrang und kommunistischem Enthusiasmus Kohle zu fördern. Lange saß er wie betäubt über der Zeitung, dann raffte er sich auf und betrat eine Telefonzelle, um den Genossen Konsul anzurufen und ihm zu sagen, er stehe ihm in kommunistischer Pflichterfüllung zur Verfügung.

Als er gerade die Hand zum Hörer ausstreckte, stöckelte ein betörend schönes Mädchen vorüber. Plötzlich überkam ihn eine Regung, die er noch nie gespürt hatte: Trotz. Er war zwar noch immer bereit, gen Moskau zu reisen und sich schuldig zu bekennen, zuvor jedoch wollte er eine Art Henkersmahlzeit einnehmen, indem er das Potemkinsche Dorf Los Angeles gründlich erforschte; möglicherweise brachte er hierbei Dinge in Erfahrung, die dem Geheimdienst Nutzen und ihm selber mildernde Umstände bescheren konnten.

Da Sergej Papkin nun niemanden mehr zu bewachen hatte, machte er die Entdeckung, daß er nicht weniger der Gefangene seiner sogenannten Schützlinge und wie sie unfrei gewesen war. Sergej Papkin war so frei wie in seinem ganzen Leben noch nicht. Er verlebte wunderbare Augenblicke; sie waren nur durch die Aussicht getrübt, das Vaterland aller Werktätigen wiedersehen zu müssen. Es war der proletarische Essig, der ihm den kapitalistischen Wein nicht recht munden ließ.

Da traf er plötzlich die Herren Lowkin und Wajnstajn.

„Ihr Verräter!" schimpfte er ohne Überzeugungskraft. „Habt ihr nicht bedacht, was ihr mir damit angetan habt, mir?"

„Du Schwindler!" sagte Lowkin. „Los Angeles ist ja gar keine Attrappe, keine Filmkulisse, kein Potemkinsches Dorf, sondern..."

„Alles ist echt!" sagte Wajnstajn begeistert. „Die Frauen, die Schaufenster, die Autos, sogar Rasierklingen und Reißnägel gibt es die Menge, wir haben uns selbst davon überzeugt!"

„Das habe ich inzwischen auch festgestellt", seufzte Sergej Papkin. „Wenn ich daran denke, daß ich in Moskau nun..."

Lowkin und Wajnstajn hakten Papkin von beiden Seiten ein und zogen ihn mit sich fort, in ein Restaurant, in dem es herrliche Filetsteaks gab.

„Du Narr!" sagte Lowkin. „Weshalb willst du denn nach Moskau? Mach es doch so wie wir!"

In der Bar wäre Sergej Papkin beinahe vom Hocker gerutscht, er hielt sich aber am Tresen fest und starrte wie gebannt auf den Flaschenschrank. „Sie haben auch Wodka?" fragte er den Waiter ungläubig. „Moskowskaja?"

„Selbstverständlich, Sir", antwortete der Mann hinter dem Tresen.

„Dann bleibe ich!" sagte Sergej Papkin. „Brüderchen, das wird ein Leben, Wodka und Freiheit!"

DIE VORZÜGE DER ORGANISATION

Als in Moskau bekannt wurde, daß in den Wäldern zwischen Ustj-Urt und Turkmenistan große Herden von Edelpelztieren lebten, befahl der zuständige Minister sofort die Bildung einer Organisation für den Pelztierfang und ernannte den Genossen Bulatow zu ihrem Direktor. Wenn man davon absieht, daß Genosse Bulatow einen Bärenpelz besaß, muß man sagen, daß er noch niemals etwas mit Pelztieren zu tun gehabt hatte. Er galt jedoch als unbedingt linientreu und als guter Organisator. Das genügte.

Direktor Bulatow ging sofort an die Arbeit und sah sich zunächst nach geeigneten Büroräumen um. Es war ein mühsames und langwieriges Unternehmen. Da Genosse Bulatow jedoch vom Tage seiner Ernennung zum Direktor der Organisation Pelztierfang Ustj-Urt-Turkmenistan, kurz „Orgpeluturk", Gehalt bezog und einen großen Wolga mit Chauffeur zur Verfügung hatte, konnte er sich Zeit lassen und wählerisch sein. Nach einem Vierteljahr bot sich ihm endlich eine Gelegenheit. Er übernahm in der Nähe der Gorki Straße die Räumlichkeiten der Organisation der Kontrollorgane für die Gütekontrolle, die gerade weggesäubert worden war.

Nun konnte die eigentliche Arbeit beginnen. Direktor Bulatow engagierte zunächst eine Privatsekretärin, eine gewisse Sonja Andrejewna, mit deren Hilfe er die ersten Briefe schrieb. Sonja war hübsch, träge und hatte die unschätzbare Eigenschaft, den Genossen Direktor nicht zur Arbeit anzutreiben.

In angenehmer Zusammenarbeit entwarfen sie zuerst einen Organisationsplan. Er sah einen stellvertretenden Direktor, einen Referenten für Etatfragen, je einen Sachbearbeiter für den Einkauf von Fallen und den Verkauf von Fellen, je einen Lagerverwalter für Fallen und einen für Felle, einen Dezernenten für Sonderaufgaben, je einen Sekretär für die Parteizelle, den Komsomol und für Gewerkschaftsangelegenheiten und schließlich einen wissenschaftlichen Berater vor.

Direktor Bulatow hielt zwar streng auf Disziplin, aber er duldete nicht, daß sich jemand überarbeitete. So dauerte es immerhin ein gutes Jahr, bis die „Orgpeluturk" fest gefügt dastand und jeder mit der ihm gestellten Aufgabe oberflächlich vertraut war. Dann aber war es soweit.

Eines Morgens hielt der wissenschaftliche Berater einen Vortrag mit dem Thema „Weshalb der sozialistische Pelztierfang dem kapitalistischen Pelztiermord überlegen ist". Er flocht geschickt einige Zitate von Lenin ein und erntete reichen, langanhaltenden Beifall der Angestellten des „Orgpeluturk". Direktor Bulatow dankte dem Redner für seine aufschlußreichen Ausführungen und sagte, jedes gefangene Pelztier, ob Nerz oder Bisam, schlage eine tiefe Bresche in die Front der Kriegshetzer, Imperialisten und Monopolisten, dann brachte er ein Hoch auf den großen Lenin aus und sprach hiernach die historischen Worte: „Die Arbeit kann beginnen!"

Die Mitarbeiter der „Orgpeluturk" sprangen begeistert von ihren Sitzen auf und klatschten minutenlang rhythmisch in die Hände. Direktor Bulatow stand am Rednerpult, klatschte mit und sah stolz auf seine Schar. Als der Applaus verebbt war, ging jeder wieder in sein Büro, um Tee zu kochen, Machorka zu rauchen, die „Prawda" zu lesen und zu warten, auf die ersten Fangergebnisse nämlich.

Sie kamen jedoch nicht. Nach vier Wochen nicht, nach acht Wochen nicht, nach einem Vierteljahr nicht. Da stellte sich heraus, daß man zwar alles bedacht, aber eines vergessen hatte, nämlich Pelztierjäger zu engagieren.

Direktor Bulatow brüllte von Sabotage und Agententätigkeit, drohte mit dem KGB und entlud seinen Zorn auf den wissenschaftlichen Berater, den einzigen, der nicht in der Partei war. Zur Strafe entsandte er ihn in die Wälder zwischen Ustj-Urt und Turkmenistan. Unterdessen wurde weiter an der Verfeinerung der Organisation gearbeitet. Sie lief jetzt wie ein bestens geöltes Räderwerk, allerdings wie eines, dem noch die Treibriemen fehlten.

Nach sechs Wochen kehrte der wissenschaftliche Berater nach Moskau zurück. Was er berichtete, war niederschmetternd. Es gab keine Pelztiere in den Wäldern zwischen Ustj-Urt und Turkmenistan. Entweder hatte es sie nie gegeben oder sie waren, von Konterrevolutionären aufgehetzt, landesflüchtig geworden und nach China emigriert.

Schweren Herzens mußte Direktor Bulatow den Genossen Minister aufsuchen und ihm Bericht erstatten. Der Minister hörte ihn schweigend, aber nicht ungnädig an.

„Ich werde die Organisation sofort auflösen", sagte Direktor Bulatow selbstkritisch.

„Aber nein!" widersprach der Minister. „So eine schöne Organisation! Es wäre schade um sie." Er lächelte wie Väterchen Frost. „Der Ministerrat hat gerade beschlossen, eine Organisation zur Intensivierung der Volksbüchereien zu gründen. Die übernimmst du, Genosse Bulatow!"

Direktor Bulatow war nicht wenig überrascht. Er verstand gar nichts von Literatur. Außer dem Lehrbuch „Geschichte der KPdSU" hatte er niemals wirklich ein Buch gelesen.

Seitdem leitet Direktor Bulatow die Organisation zur Intensivierung der Volksbüchereien, die „Orginvolk". Er hat die hübsche Sekretärin und alle anderen behalten. Nur den wissenschaftlichen Berater hat er entlassen, aber der war ja ohnehin ein parteiloses Element.

BABKA UND DER ENKEL

Als Babka jung war, gab es noch den Zaren, eine Kirche in Budinskoje und Väterchen Grigorjew, den Popen. Seitdem hat sich die Welt von Grund auf gewandelt, aber Babka ist die alte geblieben. Sie hat die Veränderungen, die in Budinskoje und Umgebung vor sich gegangen sind, wahrgenommen und sich mit ihnen abgefunden, sie geht treu und brav zu den Versammlungen, auf denen eifrige junge Männer über das neue, bessere, schönere Leben in Rußland reden, und hört sich alles mit an. Aber sie versteht nicht viel von diesen Reden, einesteils weil die eifrigen jungen Männer viele Worte gebrauchen, deren Bedeutung der Babka unverständlich sind, und zweitens weil Babka schwerhörig ist.

Wenn so eine Versammlung abgehalten wird, sitzt sie ganz still auf einem Kartoffelsack oder auf einer Kiste, hat die verarbeiteten Hände im Schoß liegen und betet einen Rosenkranz herunter, den sie unter ihrer Schürze verborgen hat. Wenn der Redner, was gelegentlich vorkommt, nicht einschläfernd daherredet, sondern die Augen von seiner Zeitung hebt und sich ein wenig ereifert, unterbricht Babka ihre Gebete, läßt den Rosenkranz los, legt die Hände hinter die Ohren und beugt sich vor.

Babka tut nämlich, was alle tun. Wenn die anderen zustimmend nicken, nickt sie ebenfalls, wenn die anderen den Kopf schütteln, schüttelt auch sie den Kopf, wenn die anderen die Hand erheben, hebt sie gleichfalls die Hand. Babka stimmt stets mit den anderen, ob für oder gegen etwas.

Nur in einem Punkt versteht sie keinen Spaß — wenn es um Gott geht. Es hat Gott gefallen, den Zaren abzuberufen, die Kirche von Budinskoje in einen Schuppen für landwirtschaftliche Geräte verwandeln zu lassen und Väterchen Grigorjew in sein himmlisches Reich aufzunehmen, ohne einen Nachfolger zu entsenden. Aber er hat ihr, der Babka, ihre schöne, alte, bunte Ikone gelassen, dafür ist sie dem lieben Herrgott dankbar.

Die Ikone hängt in einer Ecke ihres bescheidenen Holzhäuschens, ein Öllämpchen wirft einen flackernden Schein auf sie und taucht sie in ein geheimnisvolles Licht. Das Öllämpchen hat nicht immer gebrannt, da Öl immer wieder einmal Mangelware war. Dann aber hat Babka das Lämpchen wieder entzünden können, weil ihr Enkel Pawel ein Kännchen Öl aus Überplanbeständen mitbrachte — gegen seine Überzeugung übrigens, weil er, der Enkel, Mitglied des Komsomol ist und statutengemäß nicht an Gott glaubt. Er ist aber großzügig genug, seine Großmutter nicht mehr davon überzeugen zu wollen, daß Gott eine Erfindung der Kapitalisten ist. Diese einschneidende Erkenntnis hält ihn jedoch nicht davon ab, die Ikone in Babkas Hütte mit Ehrfurcht zu betrachten, ein Kreuz zu schlagen und die Knie zu beugen — wenn er unbeobachtet ist.

Als wieder einmal eine Propagandawelle der Gottlosenbewegung befehlsgemäß über das Land rollte, ließ Babkas Enkel sich von ihr mitreißen. Er redete die offiziellen Thesen mehr oder weniger eifrig nach, vermied es jedoch, es in Gegenwart der Ikone zu tun — ob aus Ehrfurcht oder Furcht ist nicht sicher. Babka nahm es jedenfalls mit Genugtuung wahr. Die Genossen im fernen Moskau hatten zwar den Zaren stürzen und den Popen verbannen, nicht aber den Glauben an Gott zerstören können. Je eifriger sie zu beweisen suchten, daß es Gott gar nicht gab, um so mehr machten sie auf ihn aufmerksam, um so dringlichere Fragen forderten sie heraus.

Auch Pawel plapperte die verordneten Thesen nach. „Es gibt keinen Gott, Babka", sagte er.

Babka sah ihren Enkel forschend an. „Kannst du das beweisen, Söhnchen?" fragte sie dann.

„Unsere ruhmreichen Kosmonauten haben keine Spur von ihm gefunden", antwortete Pawel, „keine einzige Spur."

Babka lächelte überlegen. „Vielleicht haben sie nicht eifrig genug gesucht", entgegnete Babka, „sie sind ja auch nur lächerliche paar tausend Werst in sein unendliches Reich eingedrungen. Aber ich will dir Gelegenheit geben, Söhnchen, deine Behauptung zu beweisen."

„Du willst mir Gelegenheit geben ..." Pawel war sehr überrascht. „Und wie willst du ... soll ich..."

Babka ergriff seine Hände, zog ihn in die Wohnstube und führte ihn vor die Ikone. „Schwöre mir, Söhnchen, bei der

Heiligen Jungfrau Maria, daß du wirklich nicht an Gott den Vater glaubst."

Pawel starrte seine Großmutter fassungslos an, dann blickte er scheu auf die Ikone, die ihm beim Schein des Öllämpchens zuzublinzeln schien.

„Dawaj, Söhnchen, schwöre!" rief die Baḃka.

Pawel zögerte, dann schlug er ein Kreuz und beugte die Knie. „Ich schwöre bei der Heiligen Jungfrau Maria, daß es keinen..." Er richtete sich rasch wieder auf und sagte ärgerlich: „Oh Babka, du hast mich ganz schön hereingelegt. Fast hätte ich bei Gott geschworen, daß es ihn nicht gibt..."

Babka lächelte listig und tätschelte ihrem Enkel die Wangen. „Laß es gut sein, Söhnchen, es bleibt unter uns. Gott hört ja nicht auf die Worte, Gott blickt uns ins Herz."

NUR KEINE GESCHENKE

Einen Russen, einen einfachen Mann aus dem Volk, in Moskau kennenzulernen, ist für einen Ausländer schwer, wenn nicht gar unmöglich. Nicht etwa, weil die Sowjetmenschen Ausländer nicht mögen, nein, sie fürchten sich einfach vor ihnen. Richtiger: sie fürchten eigentlich nicht die Ausländer, sondern den Genossen Hauswart, den Bürger Nachbar, den Kollegen im Betrieb oder sogar den eigenen Sohn, der im Komsomol mitmacht. Es ist zwar nicht verboten, mit einem Ausländer zu sprechen, aber es ist gefährlich. Denn — so hat man es ihnen beigebracht — jeder Ausländer ist ein Spion oder Agent, ein Volksfeind oder ein Ausbeuter oder gar alles zugleich. Es gibt keine harmlosen Gespräche zwischen Sowjetmenschen und Ausländern, weil jeder Ausländer versuchen wird, wichtige Einzelheiten der Landesverteidigung zu erfahren, etwa in welchen Abständen die Untergrundbahn fährt, wann der Gorki Kulturpark geöffnet bzw. wann er geschlossen wird, oder wie lange die Eisenbahn von Moskau nach Kiew braucht.

Dennoch gelang es Jeremiah Philipps, Tourist aus Detroit, Michigan, mit einem Russen inoffiziell bekannt zu werden. Er hieß Nikita Borissowitsch Brodjagin, war etwa zwanzig Jahre alt und Fahrstuhlführer in jenem Hotel, in dem Mr. Philipps wohnte. Da Mr. Philipps das seltsame Bedürfnis hatte, nicht nur die Fassaden der Häuser. die Bilder in den Museen und die Innenausstattung einiger weniger Restaurants, sondern auch die Menschen des Landes, das er bereiste, kennenzulernen, versuchte er, mit ihnen ins Gespräch zu kommen, sie zu einem Wodka einzuladen und sogar in ihren Wohnungen zu besuchen.

Er hatte auch nicht den allerkleinsten Erfolg. Türen und Münder und Gesichter blieben gleicherweise verschlossen. Zwar glaubte Mr. Philipps, hin und wieder ein flüchtiges Lächeln des Bedauerns oder einen schnellen Blick der Sympathie zu bemerken, das war aber auch alles.

Auch Nikita, der Fahrstuhlführer, war verschlossen. Er behandelte Mr. Philipps und die anderen ausländischen Gäste des Hotels mit jener eisigen Höflichkeit, die man feindlichen Parlamentären oder befreundeten Volksdemokraten bezeigt. Immerhin, wenn Nikita, was bisweilen geschah, sich mit Mr. Philipps allein in der Fahrkabine befand, lockerten sich die strengen Züge seines Jungengesichts, er entblößte sogar die Zähne, offensichtlich um mit dieser Muskelbewegung ein Lächeln zu bewirken. Mr. Philipps lächelte bei solchen Gelegenheiten zurück und versuchte, ein paar Worte mit Nikita zu wechseln.

Da aber eine Fahrt zwischen dem Erdgeschoß und dem dritten Stock, in dem Mr. Philipps wohnte, nur wenige Sekunden dauerte, kam es niemals zu einem Gespräch. Ehe Nikita sich zu einer Antwort zu entschließen vermochte, war der Aufzug bereits im dritten Stock angelangt; sobald die Tür offen war, zog Nikita wieder den Vorhang der abweisenden Höflichkeit vor sein Gesicht, seine Zähne wurden wieder ein undurchdringliches Gatter. Es hätte ja sein können, daß jemand auf dem Flur war, der Etagenkellner zum Beispiel, ein Zimmermädchen, eine Putzfrau oder gar ein als Tourist verkleideter Mann des KGB.

Eines Nachts jedoch, als Mr. Philipps sehr spät ins Hotel zurückkehrte, war wirklich niemand in der Nähe, im Vestibül nicht, im Fahrstuhl nicht, auf den Fluren nicht. Mr. Philipps unternahm den Versuch, die Grundlagen der sowjetischen Landesverteidigung zu erschüttern, indem er nach der allgemeinen Wetterlage fragte. Nikita antwortete zunächst nicht, dann aber geschah etwas völlig Unerwartetes: Er hielt den Fahrstuhl zwischen dem zweiten und dem dritten Stock an und entspannte sein Gesicht, etwa so, wie man einen ungebärdigen Hund von der Leine läßt.

Mr. Philipps nahm zu seinem Erstaunen wahr, daß der Fahrstuhlführer richtig zu lächeln vermochte. Es war ein Lächeln, das von Herzen kam, von einem allerdings überschweren, gepreßten Herzen, ein Lächeln, in dem sich Bewunderung, Verlangen und Sehnsucht mischten.

„Was haben Sie, Nikita?" fragte Mr. Philipps.

„Ach", seufzte Nikita, „Sie haben so prächtige Schuhe!"

„Was habe ich?" fragte Mr. Philipps und sah erstaunt an sich herunter. Er trug gerade hellgelbe, ziemlich abgetragene

Schuhe mit weißer, dicker Kreppsohle, aus irgendeinem New Yorker Kaufhaus. „Das sind doch ganz gewöhnliche..."

Nikita lächelte wie einer, der es besser weiß, dann seufzte er wiederum, blickte auf Mr. Philipps Schuhe und sagte: „Es muß wunderbar sein, solche Schuhe zu haben."

Mr. Philipps schüttelte den Kopf. „Wunderbar? Was ist denn daran..." Dann aber besann er sich, daß er in Moskau und nicht in Detroit war und sagte entschlossen, während er die Schuhe von den Füßen streifte: „Ich schenke sie Ihnen."

Nikita starrte den Amerikaner fassungslos an. „Oh, das ist... das ist... Ich danke Ihnen vielmals, vielmals", stotterte er.

„Schon gut!" wehrte Mr. Philipps ab. „Fahren Sie mich nun in den dritten Stock. Ich bin müde."

Nikitas Hände zitterten, als er den Aufzug wieder in Bewegung setzte.

Am nächten Tag trug er wieder sein abweisendes Gesicht und seine alten Schuhe, auch am nächsten und am übernächsten Tag. Erst als sie wieder einmal für die kurze Zeit einer Fahrt zwischen dem Erdgeschoß und dem dritten Stock allein waren, fragte Mr. Philipps:

„Passen die Schuhe nicht?"

„Doch", antwortete Nikita. „Sehr gut sogar."

„Oder sind sie Ihnen zu schade für den Werktag?"

„Nein, nicht zu schade. Aber ich kann sie trotzdem nicht tragen", antwortete Nikita traurig. „Es geht einfach nicht. Alle würden fragen, woher ich sie habe, man würde mich verhören..."

Sie waren im dritten Stock angelangt, Nikita öffnete die Tür, das Gespräch war beendet. So erfuhr Mr. Philipps nicht, was Nikita dachte, es wäre allerdings auch fraglich gewesen, ob er sich dem Amerikaner hätte verständlich machen können. Nikita, der Portier, die Stubenmädchen, die Putzfrauen, die Kellner und die Köche, sie alle hatten in den Schulungsstunden dieses gelernt: Wenn ein kriegslüsterner Ausländer etwas verschenkt, will er dafür etwas haben — Geheimnisse, Planskizzen, Produktionszahlen, die Telefonnummer des Kreml und dergleichen mehr. Zwar glaubte Nikita nicht so recht daran, aber andere glaubten es vielleicht und würden es für ihre vaterländische Pflicht halten, dem KGB davon Mitteilung zu machen, daß Nikita sich habe kaufen lassen.

Das Gespräch wurde ein paar Tage später, in den Sekunden zwischen dem Erdgeschoß und dem dritten Stock, fortge-

setzt. „Sie werden also die Schuhe nicht tragen?" fragte Mr. Philipps.
Nikita schüttelte den Kopf.
„Nie?" drang Mr. Philipps in ihn.
„Ich weiß nicht", erwiderte Nikita. „Jedenfalls so lange nicht, bis..."
Im ersten Stock stieg jemand zu, und das Gespräch mußte abgebrochen werden. Es wurde nicht mehr beendet, weil sich keine Gelegenheit mehr ergab. So mußte Mr. Philipps abreisen, ohne zu erfahren, daß Nikita seine wunderbaren Schuhe nur ein einziges Mal trug — als er in seinem Zimmer ganz allein war. Er hatte die Tür verriegelt und die Fenster verhängt, dann ging er ein paarmal auf und ab und wiegte sich auf weichen Sohlen, legte die Füße, wie er es den Amerikanern abgesehen hatte, auf den Tisch und bewunderte sich. Dann aber seufzte er tief, zog die Schuhe aus, wickelte sie in eine Nummer der „Prawda", öffnete das Fenster und warf das Paket auf die Straße, wie man sich eines gefährlichen Sprengkörpers entledigt.

WÄSCHE FÜR TAMARA

Als Alexej Barski zum ersten Mal in den Westen kam, war er erstaunt, ja, geradezu begeistert über das, was er mit seinen — an den Verhältnissen des ersten Arbeiter- und Bauernstaates geschulten — Augen wahrnahm. Selbstverständlich gab er dieser Begeisterung keinen Ausdruck, auch sein Erstaunen äußerte er nur, indem er das, was er sah, abfällig kritisierte. Denn ein Sowjetmensch reist bekanntlich nie allein in den Westen, sondern stets in einem Rudel, auch Delegation genannt, in dem jeder jeden überwacht. Es darf nämlich nicht sein, daß sich ein Sowjetmensch sein ideologisches Fundament beschädigen läßt — die Folge könnte sein, daß sein ganzes Gedankengebäude ins Wanken gerät, und das wäre schlimm. Ein Sowjetmensch muß ja stets hundertprozentig dafür sein (oder wenigstens so tun), gleichgültig wer gerade den Sowjetmenschen Frieden, Freiheit und Wohlstand verspricht.

Mit hundert Prozent für die jeweilige Richtung einzutreten, heißt andererseits aber auch mit vollen hundert Prozent gegen die jeweils gestürzten Parteibosse zu sein. Unabhängig davon jedoch muß ein Sowjetmensch auch mit hundertprozentigem Mißtrauen erfüllt sein gegen alles, was jenseits des Eisernen Vorhangs vor sich geht. Ein echter Sowjetmensch weiß ja nur zu genau, was ein Potemkinsches Dorf ist, er hat vielleicht schon selber eine Delegation aus dem Westen geführt und ihr nur das gezeigt, was sie sehen durfte. Es ist daher für ihn nur logisch, daß sowjetische Delegationen im Westen ebenfalls sorgfältig um die neuralgischen Punkte herumgeführt werden, daß man sie das Elend hinter den glänzenden Fassaden nicht schauen läßt.

Die größte Überraschung, die ein Sowjetmensch im Westen erlebt, sind daher nicht die großen, lichtüberfluteten Geschäftsstraßen, in denen alles in verwirrender Fülle und Vielfalt zu haben ist, auch nicht die große Zahl der Autos und der gut gekleideten Leute, sondern sie kommt in erster Linie von der Tatsache, daß niemand da ist, der ihnen sagt, wohin sie gehen dürfen und wohin nicht, daß niemand sie überwacht, daß ihnen niemand die Fotoapparate wegnimmt und kein Mensch sich scheut, mit ihnen, den Sowjetmenschen, offen zu reden.

Alexej Barski ließ sich also nicht anmerken, daß ihm das Leben in der faschistischen, militaristischen, kapitalistischen, ultranationalistischen und revanchelüsternen Bundesrepublik gefiel. Ganz besonders hatten es ihm die Geschäfte angetan, in deren Schaufenstern gewisse hauchzarte, duftige, durchsichtige textile Gebilde ausgestellt waren, mit denen Frauen und Mädchen jene Teile ihres Körpers bedecken, an die ein Sowjetmensch nur mit Erröten oder rein wissenschaftlich denkt und die in der Kunst des sozialistischen Realismus tabu sind. Wie es sich für ein sittenstrenges, moralisch gefestigtes Mitglied des Komsomol gehört, verband auch Alexej Barski mit der Inaugenscheinnahme jener diskreten weiblichen Bekleidungsstücke keinerlei unziemliche Ideenassoziationen, er dachte nur daran, was ihm Tamara, seine Komsomolzenbraut, mit der Miene einer konterrevolutionären Verschwörerin ins Ohr geflüstert hatte, nämlich: ,,Bring mir eine Garnitur Unterwäsche aus dem Westen mit, Aljoscha. Sie sollen dort so schöne Damenwäsche haben, zart und mit feinen Spitzen und in wunderbaren Farben. Bitte, Aljoscha!"

Der Wunsch Tamaras überraschte Alexej Barski, ja, er versetzte ihn in Besorgnis. Woher wußte Tamara, eine Komsomolzin, davon? War er vielleicht verpflichtet, eine Meldung zu machen? Wer etwas von kapitalistischer Damenwäsche weiß, interessiert sich womöglich auch für westliche Gesinnungen. Es stellte sich jedoch heraus, daß Tamara ihre Kenntnis von der Beschaffenheit ausländischer Damenwäsche nicht auf konspirativem Wege erworben, sondern durch einen Zufall erlangt hatte. Im Hotel, in dem Tamara die Stellung einer Sekretärin mit der einer Informantin des KGB verband, hatte ein ausländischer Tourist eine französische Modezeitschrift liegen lassen. Tamara hatte sofort erkannt, was dieser Tourist damit bezweckt hatte, nämlich sowjetische Frauen und Mädchen zu korrumpieren. Sie sollten nicht nur westliche Damenwäsche, sondern auch westliche Staatsformen anziehend finden. Tamara durchkreuzte diese subversive Absicht, indem sie dieses französische Modejournal pflichtgemäß ihrer Dienststelle ablieferte, allerdings nicht ohne zuvor einen Blick auf die Abbildungen geworfen zu haben. So kam es dazu, daß sie ihren Aljoscha bat, ihr jene diskrete Wäsche aus dem feindlichen Ausland mitzubringen.

Selbst ein sittenstrenger, linientreuer Funktionär des Komsomol weiß so ungefähr, woraus eine Garnitur Damenunterwäsche besteht, nämlich aus Hemdchen, Höschen und Büstenhalter. Wie aber sollte er sie beschaffen? Für einen Durchschnittsbürger in Westeuropa ist der Erwerb von Damenwäsche möglicherweise mit ein wenig Verlegenheit verbunden, für den Sowjetmenschen Alexej Barski jedoch glich dieser Einkauf einem gefährlichen konspirativen Unternehmen. Er war ja nie allein, sondern stets in Begleitung und unter Aufsicht, außerdem fehlten in seinem Sprachschatz die entsprechenden Wörter, und drittens und wichtigstens: er hatte ja nur ein paar Rubel, über die er dem Leiter seiner Delegation genau Rechenschaft ablegen mußte.

Nun, Alexej Barski schaffte es nicht. Es gelang ihm zwar, und das war ein Glücksfall, wie er einem sowjetischen Touristen im Ausland höchst selten zustößt, seiner Delegation für ein paar Minuten zu entkommen, ein Geschäft für Damenwäsche zu betreten und sein Begehren mittels Zeichensprache kundzutun, aber man nahm seine guten Rubel nicht an. Ehe Alexej Barski sie in eine westliche Währung umzutauschen vermochte, war die Gelegenheit schon vorüber. Der Delegationsführer, gewohnt, seine Schäfchen in kurzen Abständen zu zählen, hatte den Genossen Barski alsbald vermißt und die linientreuesten seiner Leute ausgesandt, den Abtrünnigen einzufangen.

So kehrte Alexej Barski in seine Heimat zurück, erstens in Erwartung eines Verfahrens wegen unerlaubter Entfernung von der Delegation, und zweitens ohne eine Garnitur Damenunterwäsche. Er übte jedoch vor seiner Komsomolzenbraut Tamara keine Selbstkritik.

„Was in diesen kapitalistischen Modejournalen abgebildet ist", sagte er mit abfälliger Handbewegung, „das ist nichts als Propaganda. Diese Wäsche gibt es nur in ihren Schaufenstern. Willst du sie kaufen, dann erklären sie dir, daß sie nicht verkäuflich ist, nicht einmal gegen Rubel. So ist das!"

MASOROWS GESAMMELTE WERKE

„Schon Genosse Masorow, ein Zeitgenosse Lenins, hat gesagt", betonte der Vorsitzende des Kolchoses „Siegreicher Oktober" und hob den Zeigefinger, „es sei nie zu spät, die eigenen Fehler tapfer und entschlossen wie ein echter Bolschewik zu erkennen. Man sollte sie aber nicht zur Freude der Kapitalisten an die große Glocke hängen. Und das empfehle ich euch auch, Genossen!"

Die Kolchosniki schlugen erfreut in die Hände. Der Ortssekretär erhob sich, ging auf den Redner zu und drückte ihm die Hand. „Das war eine gute Rede!" lobte er. „Und ich bewundere deine Kenntnisse, Genosse, deinen reichen Zitatenschatz..."

„Ich habe mich ein bißchen mit den Werken Masorows beschäftigt", erwiderte der Vorsitzende bescheiden.

„Offen gestanden", sagte der Genosse Ortssekretär, „er war mir nicht einmal dem Namen nach bekannt... Aber was er über Selbstkritik sagt..."

„Er war in der Stalinzeit unerwünscht", sagte der Genosse Vorsitzende eifrig. „Aber jetzt darf man ihn wieder zitieren."

Der Ortssekretär nickte heftig. „Es ist ein ausgezeichnetes Zitat", sagte er, „ich werde es auf der nächsten Kreiskonferenz anwenden. Es macht sich immer gut, wenn man sich auf einen Zeitgenossen Lenins beruft."

Drei Wochen später sprach der Ortssekretär auf der Kreiskonferenz.

„Werte Genossen!" rief er am Schluß seiner dreistündigen Rede aus und hob beide Arme. „Schon der Genosse Matwej Sergejewitsch Masorow, ein enger Mitarbeiter des großen Lenin, hat in einem seiner grundlegenden Werke gesagt, die Selbstkritik sei dazu geeignet, die eigenen Reihen zu zerfleischen. Es sei besser, die öffentliche Kritik zugunsten von stillschweigender Reue und Besserung zu unterdrücken. In diesem Sinne appelliere ich an euch, werte Genossen, die Reihen zu schließen!"

Die Genossen Ortssekretäre riefen laut: „Bravo!"

Der Kreissekretär schüttelte dem Redner die Hände. „Das war mal ein anderer Ton", lobte er. „Die Seuche der Selbstkritik hat allmählich bis ganz oben überhand genommen. Ich wüßte aber gern, wo der Genosse Marowski..."

„Masorow", verbesserte der Ortssekretär.

„ ...Masorow, Matwej Sergejewitsch, nicht wahr? Also wo er das gesagt hat, ich möchte ihn nämlich auf der nächsten Distriktversammlung zitieren. Kannst du mir sagen..."

„Selbstverständlich!" erwiderte der Ortssekretär ohne Zögern. „In einem Artikel der 'Prawda' am zehnten August neunzehnhunderteinundzwanzig."

Zwei Wochen später ergriff der Genosse Kreissekretär das Wort auf der Distriktkonferenz.

„Genossen!" rief er aus und hämmerte mit den Fäusten auf das Rednerpult. „Ihr verlangt Selbstkritik und immer wieder Selbstkritik! Anscheinend ist euch nicht bekannt, was unser großer Genosse Matwej Sergejewitsch Masorow, der ruhmreiche Kampfgefährte unseres unvergänglichen Wladimir Iljitsch Lenin, in einem seiner grundlegenden Werke geschrieben hat." Er ließ den Blick über die Versammlung gleiten und zog die Augenbrauen unwillig zusammen. „Nun, ist einer unter euch, der diesen Klassiker des Marxismus zu zitieren vermag?"

Die Genossen Delegierten schwiegen verlegen.

„Nun, dann will ich es euch sagen", donnerte der Kreissekretär. „In seinem Werk 'Vier Schritte vorwärts und nie zurück' sagte er auf Seite sechzig Absatz drei: 'Selbstkritik ist schädlich, weil sie den Elan der Genossen bremst.' Und deshalb frage ich euch: Haben wir alle es nicht schon einmal erlebt, daß unser Elan gebremst wurde?"

Ein Beifallssturm erhob sich.

Der Distriktkommissar umarmte den Redner und küßte ihn auf beide Wangen. „Das war ganz ausgezeichnet, Genosse!" lobte er. „Merkwürdig, daß die Werke von Masorow so wenig bekannt sind..."

„Das ist gar nicht merkwürdig", entgegnete der Kreissekretär. „Masorow wurde vom Parteischädling Stalin, der seinen Terror ja nur mit Hilfe der Geheimpolizei und der von ihr erpreßten Selbstkritiken ausüben konnte, liquidiert, seine Werke wurden aus allen Bibliotheken entfernt. Ich aber hatte die wichtigsten Zitate aus seinen Werken abgeschrieben und unter Lebensgefahr aufbewahrt..."

„So ist es also", sagte der Distriktkommissar. „Könnten Sie mir vielleicht eine Abschrift zukommen lassen? Auf der Gebietskonferenz im nächsten Monat möchte ich nämlich gern..."

„Ich will es versuchen", sagte der Kreissekretär. „Ich muß Ihnen allerdings etwas gestehen. Nicht ich war es, der die genialen Werke von Matwej Sergejewitsch Masorow der Vergessenheit entriß, sondern der Genosse Ortssekretär in Chlemnowo, aber ich werde ihn veranlassen..."

Auch der Ortssekretär geriet in Verlegenheit und verwies nach etlichen Ausflüchten auf den Vorsitzenden des Kolchoses „Siegreicher Oktober", der müsse es wissen...

Der Kolchosvorsitzende kratzte sich den Schädel. „Ja, weißt du, Genosse", gestand er, „das war so. Ich mußte doch einen guten Abschluß für meine Rede finden, und da habe ich eben diesen Ausspruch erfunden. Bei uns wird doch so viel zitiert. Hätte ich geahnt, welche Folgen..."

„Die sind nun eingetreten!" sagte der Ortssekretär erzürnt. „Du kannst jetzt nicht mehr zurück! Du mußt wenigstens ein ähnliches Zitat von Masorow ausfindig machen..."

„Wie kann ich das!" rief der Kolchosvorsitzende bekümmert aus. „Es gibt ihn doch gar nicht, diesen Masorow!"

Die Nachricht, daß Matwej Sergejewitsch Masorow, ein Klassiker des Marxismus und enger Mitarbeiter Lenins, frei erfunden war, wurde streng vertraulich weitergegeben, bis sie zum Distriktkommissar gelangte, der daraufhin verzichtete, Masorow auf der Gebietskonferenz zu zitieren.

Die Genossen auf der unteren Ebene erfuhren hiervon nichts, sie berufen sich immer noch gern auf den Genossen Masorow und erfinden immer noch neue Aussprüche hinzu. Es gibt im Distrikt Tschislowodsk kaum eine Versammlung, in der nicht wenigstens eine Rede mit den Worten eingeleitet oder beendet wird: „Schon der Genosse Masorow hat seinerzeit gesagt..."

KUSNEZOWS AUSLANDSREISE

Der Traum eines jeden Sowjetmenschen ist es, einmal in seinem Leben ins Ausland reisen zu dürfen. Nicht in ein befreundetes Ausland, das eigentlich keines ist, weil dort die sozialistischen Brüder mit den gleichen Methoden wie daheim herrschen. Es ist das kapitalistische Ausland, das einen Sowjetmenschen unwiderstehlich anzieht. Er möchte sich mit eigenen Augen davon überzeugen, wie die Werktätigen unterdrückt und ausgebeutet werden, und er möchte ihnen Mut und Stärke vermitteln, ihr Joch abzuschütteln...

Auch Pjotr Pawlowitsch Kusnezow verspürte diesen Drang in sich. Selbstverständlich konnte er nicht allein reisen, sondern mit einer Reisegesellschaft, in der jeder jeden überwachte und streng darauf achtete, ob und in wessen Auge etwa ein konterrevolutionärer Bewunderungsschimmer aufglomm oder ob und über wessen Lippen begeisterungsähnliche Laute kamen, Symptome, die umgehend dem Genossen Reiseleiter zu melden waren, die auch dieser wiederum weiterzumelden hatte, auf daß in das Dossier des Betreffenden ein entsprechender Vermerk eingetragen werde.

Der Weg ins Ausland aber ist sehr, sehr weit, mit vielen bürokratischen und anderen Fußfallen gepflastert, in die selbst hundertprozentige Sowjetbürger treten. Als Kusnezow den Plan faßte, sich um ein Plätzchen in einer Auslandreisegesellschaft zu bewerben, war er sich wohl bewußt, daß er einen langen, dornenvollen und entbehrungsreichen Weg beschritt.

Er bereitete sich gewissenhaft darauf vor, indem er keine der vielen Versammlungen — in seinem Wohnblock, in seinem Betrieb und in seiner Parteiorganisation — ausließ und sich jedesmal zu Wort meldete, um dem jeweiligen Redner uneingeschränkt beizupflichten und Aussagen des großen Lenin zu zitieren. Im Dunstkreis der allgemeinen Versammlungslethargie fiel diese Haltung selbstverständlich auf.

Genau das war es, was Kusnezow erreichen wollte — im positiven Sinn aufzufallen und in den Ruf eines überaus eifrigen Parteimitglieds zu kommen. Sodann nahm er in seinem Betrieb — er arbeitete in der Finanzabteilung eines großen Industriewerks — drei Schreibmaschinen und zwei Rechenmaschinen außerplanmäßig in persönliche Pflege, ersann ein paar Neuerervorschläge, organisierte eine Sammlung für die streikenden britischen Bergarbeiter und meldete sich beim Komsomol-Komitee zur Eindämmung dekadenter westlicher Einflüsse. Ja, Kusnezow gewann es sogar über sich, außer der „Prawda" noch regelmäßig die „Iswestija", die „Trud" und die „Komsomolskaja Prawda" zu lesen, um bei jeder passenden Gelegenheit aus diesen Zeitungen mit genauer Quellenangabe zu zitieren.

Binnen eines Jahres schwoll das bislang so schmale und nichtssagende Dossier des Genossen Pjotr Pawlowitsch Kusnezow zu einer stattlichen Akte an, die voll papiernen Lobes war. Als Kusnezow soweit war, konnte er es wagen, den ersten Schritt zu den gelobten Ländern des kapitalistischen Niederganges und der bürgerlichen Fäulnis hin zu tun — nämlich sich im Büro für den Auslandstourismus zu melden und bescheiden anzufragen, ob und wann er der großen Vergünstigung, an einer Auslandsreise teilzunehmen, für würdig erachtet werde.

Die hübsche, wenn auch ein wenig schläfrig-träge Genossin in der Anmeldung jenes Büros registrierte diesen Wunsch und überstellte ihn alsdann einem anderen Büro, in dem ein Offizier des KGB saß. Dieser nahm den Antragsteller in ein äußerst strenges Verhör. Bekanntlich ist jeder Sowjetbürger sofort besonders verdächtig, wenn er den Wunsch vorträgt, ins westliche Ausland zu reisen. Denn alles, was ein Sowjetmensch über die demokratisch regierten kapitalistischen Länder wissen darf, wird ihm ja von der „Prawda" vermittelt. Weshalb soll also ein Sowjetmensch sich der Gefahr aussetzen, etwas mit eigenen und vielleicht anderen Augen zu sehen? Es könnte ihn nur verwirren und sogar Zweifel an der wahrheitsgemäßen Berichterstattung der „Prawda" in ihm aufkommen lassen. Ein Sowjetmensch darf in seinem Gefühl, in der besten aller möglichen Welten zu leben, nicht beeinträchtigt werden.

Obwohl Kusnezow das Verhör im Büro für Auslandstourismus ohne lebensgefährliche Folgen überstand, nahm er dennoch nur einen hinhaltenden Bescheid mit nach Hause. „Sie werden von uns hören, Genosse Kusnezow", sagte die hübsche Genossin in der Anmeldung jenes Büros und gähnte anhaltend. „Es wird aber einige Zeit dauern."

„Ich kann warten, Genossin", erwiderte Kusnezow und verabschiedete sich.

Und er wartete. Er wartet noch heute, obwohl inzwischen mehr als drei Jahre seit der Antragstellung vergangen sind. Gelegentlich spricht er bei der hübschen, aber immer noch schläfrig-trägen Genossin im Büro für Auslandstourismus vor, um sich nach dem Stand seiner Angelegenheit zu erkundigen. Und jedesmal erhält er den Bescheid: „Sie müssen sich noch ein wenig gedulden, Genosse Kusnezow."

Was Kusnezow nicht weiß, ist, daß über seinen Antrag längst entschieden ist und zwar entschieden ablehnend. Diese Ablehnung ist logisch begründet. Kusnezow ist nämlich das, was man ein verdächtiges Element nennt. Dieser Verdacht kam auf, als er sich plötzlich mit großem Eifer in die Parteiarbeit zu stürzen begann, der Verdacht verdichtete sich sozusagen parallel mit Kusnezows Anstrengungen, im positiven Sinn aufzufallen. Je mehr lobende Vermerke in sein Dossier eingefügt wurden, um so mehr wuchs in der Kontrolkommission der Partei die Überzeugung, daß Kusnezow sich mit seinem auffallenden Übereifer und seiner so laut hinausposaunten Parteitreue nur ein Alibi verschaffen wollte, um ungestört diversant zu arbeiten. Als die Kontrollkommission gar Kusnezows Antrag, ins Ausland reisen zu dürfen, zu Gesicht bekam, da war es ganz klar: Kusnezow war ein Spion, vielleicht nur ein potentieller, vielleicht aber auch ein bereits tätiger.

Die Nachforschungen laufen auf vollen Touren.

GLASNOST

„Begrüßen Sie den neuen Kurs des Genossen Gorbatschow?" fragte der Reporter der „Prawda".

„Aber ja!" antwortete Stjepan Sokolow lebhaft.

„Zuerst warst du aber gar nicht so begeistert", wandte Marfa Sokolowa ein.

„Na ja", gab Sokolow zu, „am Anfang wußte ich doch nicht... Sollte ich ihm zustimmen oder nicht... Hätte ja sein können, daß er nicht durchkommt..."

„...und dann hättest zu den Abweichlern, Revisionisten, Sektierern oder sogar zu den Konterrevolutionären gehört, nicht wahr?" meldete sich die Sokolowa wieder zu Wort.

Stjepan Sokolow schwieg.

„Du bist immer erst auf einen neuen Kurs eingeschwenkt, wenn es geraten schien, ihn mitzusteuern", fuhr die Sokolowa bissig fort. „Erst als Stalin den Lew Trotzki abservierte, hast du mitabserviert..."

„Alte Geschichten", murmelte Sokolow.

„Alte, aber wahre", setzte die Sokolowa hinzu. „Dann bist du im Gleichschritt mit Stalin gegangen, bis..."

„Bis Nikita Chruschtschow kam?" fragte der Reporter.

„Genau!" ließ die Sokolowa nicht locker. „Plötzlich hat er mitentdeckt, daß Stalin nicht mehr der weise Lehrer der Menschheit, der größte Wissenschaftler aller Zeiten, der ruhmreiche Sohn des sowjetischen Volkes war, sondern ein Diktator, ein Massenmörder, ein Tyrann..."

„Hör auf!" schrie Sokolow. „Wie jedermann mußte auch ich reden, wie die Partei es befahl, sonst drohten das Lager, die Verbannung, sogar der Tod. Was sollte ich denn machen, wenn ich weiterleben wollte?"

Die Sokolowa lächelte weise. „Du hättest wenigstens den Mund halten können, aber nein, du hast dich hingestellt und stalinistisch dahergeredet. Erst als Nikita Chruschtschow diesen schrecklichen Georgier zur Hölle geschickt hat, erst dann hast du auch..."

„Ja, dann bin ich aber für Chruschtschow gewesen", fiel Sokolow ihr ins Wort. „War das etwa falsch?"

„War es nicht", gab die Sokolowa bereitwillig zu, „aber du warst, wie immer, hundertprozentig dabei, diesmal für den Gulaschkommunismus."

„Wirfst du mir das etwa vor?" fragte Sokolow.

„Nicht das", antwortete die Sokolowa, „aber daß du sofort von Chruschtschow abgerückt bist, als er aus den Geschichtsbüchern gestrichen wurde. Das fand ich..." Sie wandte sich an den Reporter. „Opportunistisch, kann man das so ausdrücken?"

„So kann man es nennen", stimmte ihr der Reporter zu. „Und dann, Marfa Petrowna, war Ihr Mann wiederum hundertprozentig für Breschnew?"

„Na, was glauben Sie denn?" sagte die Sokolowa giftig. „Er ist immer ohne Vorbehalt für den, der gerade das Sagen im Kreml hat, er meint nämlich, wenn er auch nur ein bißchen abweichlerisch ist, wird er... na ja, nicht eben erschossen, aber bestimmt abgesägt. Und das bedeutet keinen Einkauf in den Sonderläden, fahren mit der Metro wie das gemeine Volk..."

„Aber jetzt hat er sich für Gorbatschow entschieden?" fragte der Reporter.

„Jawohl!" versuchte Sokolow das Gespräch an sich zu reißen. „Wir haben jetzt Glasnost, jeder kann offen seine Meinung sagen..."

„Und die sagt er jetzt, laut und deutlich: Ich bin für Michail Sergejewitsch Gorbatschow!" fügte die Sokolowa höhnisch hinzu. „Zuerst hat er ja damit gewartet, abgewartet, ob Gorbatschow so stark ist, wie er tut, aber als das der Fall zu sein schien, war er wieder..."

„ ...hundertprozentig dafür", sagte der Reporter, „ich weiß."

„Gibt es denn bei uns etwas anderes als hundertprozentig?" wandte Sokolow ein. „Was er sagt, leuchtet allen ein, deshalb..."

„ ...deshalb bist du jetzt für ihn", ergänzte die Sokolowa den begonnenen Satz, dann fügte sie lauernd hinzu: „Aber was ist, wenn irgendein Kusnezow plötzlich Glasnost für konterrevolutionär oder faschistisch erklärt und Gorbatschow in die Wüste schickt? Wirst du selbstkritisch erklären, daß..."

„Hör endlich auf!" wimmerte Sokolow. „Mal den Teufel nicht an die Wand!"

Als der Reporter sich verabschiedet hatte und außer Hörweite war, fügte er bedächtig hinzu: „Ganz so unrecht hast du ja nicht, Täubchen. Deshalb werde ich von nun an nur verhalten zustimmen. Man kann ja nie wissen... Denn um das Zustimmen selbst komme ich ja ohnehin nicht herum."